Ensal

Receta	Página	Calorías	Conserva la línea	Especialidad	Barata	Sencilla	Sofisticada	Fácil de hacer	Para invitados	Rápida
Ensalada de espárragos con *mousse* de ...	6	230				●			●	
Ensalada con gambas	6	210					●	●		
Vieiras con ensalada de espinacas	8	170	●				●		●	
Ensalada de roqueta con carne	9	230					●	●	●	●
Ensalada de melón y pepino ...	10	200	●			●		●		
Corazones de alcachofas con jamón	10	400				●	●			
Escarola con mango y pavo	12	360					●		●	
Filetes de trucha ahumada sobre berros	13	300					●	●	●	
Lollo rosso con setas y tocino	14	280						●	●	
Endibias con aguacate y salmón	14	240					●	●		●
Caesar's Salad	18	500		●	●			●	●	
Salade Niçoise	19	350		●		●		●		
Panzanella	20	390		●	●	●		●		
Ensalada campesina	20	430		●	●	●		●		●
Ensalada de pasta de arroz con verdura	22	470		●			●			
Gado Gado	22	510		●					●	
Ensalada tibia de berenjena	24	290	●	●				●		
Tabouleh	24	270	●	●	●					
Ensalada de marisco con verdura	26	330		●		●			●	
Ensalada de arenque con remolacha ...	27	870		●		●		●		
Albóndigas de cordero sobre lechuga	30	670					●	●	●	
Ensalada de verdura tibia con jengibre	30	250	●				●			
Tiras de vacuno sobre lechuga	32	300	●					●	●	●
Ensalada de queso con nueces al ajo	33	720					●	●		
Langostinos sobre tirabeques	34	450					●	●	●	

Guía de

Receta	Página	Calorías	Conserva la línea	Especialidad	Barata	Sencilla	Sofisticada	Fácil de hacer	Para invitados	Rápida
Pechuga de pollo sobre lechuga	34	570				●	●			●
Ensalada de berros con hígado de pollo	36	440					●	●	●	
Ensalada de champiñones con pimiento ...	37	440						●		●
Atún sobre radicchio	38	540						●		●
Lechuga de hoja de roble con queso ...	38	640					●		●	●
Ensalada de apio con salsa de mostaza	42	540			●		●	●		
Ensalada de tomate multicolor	42	340			●	●				●
Ensalada de judías con roqueta y tomate	44	200	●						●	
Ensalada de pollo con piña y brotes	45	550				●	●			
Ensalada de pepino con eneldo	46	190	●		●			●		●
Ensalada de pepino con fresas	46	130	●				●	●		●
Ensalada de pepino con trucha	47	250				●			●	●
Ensalada de pepino con berros y sésamo	47	170	●					●		●
Lechuga con brotes de rábano	48	140	●		●			●		●
Ensalada de patatas	48	350			●	●		●		
Ensalada de pavo con puerros y setas	52	220	●				●		●	
Ensalada de pasta, verdura y salsa ...	53	330				●	●	●	●	
Ensalada de embutido con rábanos	54	650		●	●			●	●	●
Ensalada de lentejas	54	570			●	●			●	
Verdura fresca con mortadela	56	340						●	●	●
Ensalada de huevo con maíz	56	310			●	●	●	●	●	
Ensalada de arroz con atún y tomate	58	350			●	●			●	
Lechuga iceberg con carne de cerdo ...	59	300						●	●	●
Ensalada de patatas y verdura	60	300			●	●		●	●	
Ensalada de judías con salsa de aguacate	60	300				●			●	

recetas

Ensaladas como aperitivo

El aperitivo debería marcar un contraste con el plato principal. Un plato de carne combina con una ensalada de pescado o marisco, y al contrario. En principio, cuanto más abundante sea el plato principal, más ligero deberá de ser el aperitivo. Las ensaladas dan una sensación muy agradable y apetitosa, si se sirven en platos grandes. En caso de incluir pescado o marisco, debe usar platos o recipientes de cristal.

Para acompañar: tostadas y mantequilla

Para las ocasiones especiales, puede cortar pan con distintas formas (corazones, estrellas, rombos). Puede hacerlo utilizando moldes de galletas o de sándwiches, que son más grandes.

Pan blanco con ajo

Se hacen unos cortes profundos en una barra de pan blanco, a una distancia de unos 3 cm. El interior de los cortes se unta bien con mantequilla de ajo y se envuelve en papel de aluminio. Se lleva al horno, precalentado a 200 ºC, durante 15 minutos, hasta que la mantequilla se haya derretido y el pan esté bien caliente.

Bruschetta

Para preparar esta exquisitez italiana, escaldar un tomate, pelarlo y quitarle las semillas. Cortar la pulpa en daditos y echarla en un recipiente. Lavar medio manojo de albahaca bajo el chorro de agua fría, picarlo y mezclarlo con el tomate. Pelar un diente de ajo, machacarlo y añadirlo. Regar con 1 cs de aceite de oliva, mezclarlo bien y salpimentar. Tostar unas rebanadas de pan blanco o de pan toscano, de un dedo de grosor, y extender la mezcla de tomate sobre ellas.

Para decorar

Una ensalada resulta más apetitosa si se acompaña de una decoración adecuada. Para ello disponemos de varios instrumentos, que facilitan los preparativos.
Cucharilla con los bordes cortantes: para cortar la pulpa de la fruta y de las verduras en forma de bola. Se utiliza sobre todo en los frutos de pulpa más dura, como pepinos, melones, manzanas, peras o calabacines. Estas formas redondeadas dan a la ensalada un aspecto muy apetitoso.
Cuchillo para hacer muescas: es un cuchillo que termina en forma triangular. Con los filos se pueden hacer muescas alargadas en frutas y verduras.
Cuchillo de ondular: es un cuchillo de hoja ondulada. Está especialmente indicado para cortar zanahorias, calabacines o pepinos. Con él se pueden conseguir rodajas onduladas.
Cuchillo rallador: termina en forma ondulada con pequeños orificios, y se emplea para rallar la piel de los cítricos, presionando con fuerza sobre la piel y cortando tiras muy finas. Esto produce un aspecto muy decorativo. También puede hacerse con pepinos, zanahorias o calabacines, para cortar tiras muy finas.
Con la cuchara: sumergir dos cucharas en agua caliente. Con una de ellas se corta la pulpa y con la otra se redondea. Las bolitas así obtenidas, se colocan encima de las ensaladas. Para obtener bolitas más pequeñas, se hace la misma operación empleando dos cucharillas.

De izquierda a derecha: cuchillo de ondular, cuchillo para hacer muescas, cuchillo rallador y cuchillo con forma semiesférica.

Preparar el mango

Se pela el mango con un pelador fino. La pulpa se corta alrededor del hueso en forma de gajos.

Escaldar verdura

La verdura se cuece durante muy pocos minutos en agua con sal hirviendo, e inmediatamente se pasa por agua helada (añadiendo cubitos de hielo). De esta manera, la verdura mantiene su color intenso y fresco, y se interrumpe el proceso de cocción.

Ensalada de espárragos con *mousse* de jamón

- Sencilla
- Para invitados

Para 4 personas:
250 g de jamón cocido
100 g de *crème fraîche*
Sal, pimienta
1 pizca de pimienta de Cayena
Zumo de limón
500 g de espárragos blancos
500 g de espárragos verdes
3 cs de vinagre
1 ct de mostaza fuerte
4 cs de aceite
1 manojo de perifollo

Tiempo de preparación:
1 hora y 15 minutos

Aprox. por porción:
1 400 kJ/330 kcal.
17 g Pr/18 g Gr/15 g Hc

1 Quitar el borde de grasa del jamón y cortarlo en trozos. Pasarlos por la batidora con la *crème fraîche*, hasta hacer un puré. Añadir sal, pimienta, pimienta de Cayena y zumo de limón. Dejar en el frigorífico, bien tapado, durante 1 hora.

2 Poner a hervir abundante agua con sal. Pelar los espárragos blancos y cortarles los extremos. Lavar los espárragos verdes, pelar su tercio inferior y cortar también los extremos. Trocear todo en pedazos de 3 cm. Reservar las puntas.

3 Cocer los espárragos blancos, a fuego lento, 6 minutos. Agregar los espárragos verdes y cocerlos 10 minutos. Finalmente, añadir las puntas y dejar cocer 5 minutos más. Quitar el agua y escurrir bien.

4 Mezclar el vinagre con la sal y la mostaza, hasta que la sal se haya disuelto. Añadir el aceite, poco a poco, batir con las varillas y hacer una salsa cremosa.

5 Poner los espárragos en una fuente y rociarlos con la salsa. Lavar el perifollo, quitarle las hojas y añadirlas a la ensalada, mezclando todo bien. Dejar que repose durante 15 minutos.

6 Formar, con dos cucharas, rollos de *mousse* de jamón y repartirlos en cuatro platos. Distribuir la ensalada de espárragos por los rollos. De acompañamiento: pan tostado y mantequilla.

Ensalada con gambas

- Fácil de hacer
- Sofisticada

Para 4 personas:
Sal, pimienta
250 g de judías verdes
2 pomelos, 1 lechuga
2 cebolletas
4 cs de Aceto balsámico
5 cs de aceite de cacahuete
1 pizca de pimienta de Cayena
150 g de gambas, cocidas y peladas

Tiempo de preparación:
30 minutos

Aprox. por porción:
870 kJ/210 kcal.
10 g Pr/11 g Gr/15 g Hc

1 Poner a hervir agua con sal. Cortarles las puntas a las judías, lavarlas y cocerlas, a fuego lento, de 5 - 8 minutos. Pasarlas por agua helada y dejarlas que escurran bien.

2 Pelar los pomelos, teniendo cuidado de quitarles toda la piel blanca. Cortarlos después en trozos con un cuchillo muy afilado, y quitarles las pepitas.

3 Lavar la lechuga y cortarla en tiras de 1 cm de grosor, lavarla en agua fría y dejarla que escurra bien.

4 Pelar las cebolletas y cortarlas en aros finos. Preparar, batiendo con las varillas, una salsa cremosa con el vinagre, el aceite, la sal, la pimienta y la pimienta de Cayena. Añadir las cebolletas.

5 Mezclar las judías, los trozos de pomelo y la lechuga con parte de la salsa, y distribuir el preparado en cuatro platos. Colocar las gambas, con cuidado, encima de la ensalada y aliñar con el resto de la salsa. Como acompañamiento va bien el pan tostado con mantequilla; y para beber, cava.

En la parte superior de la foto: ensalada de gambas. En la parte inferior: ensalada de espárragos con *mousse* de jamón.

PROSECCO

Vieiras con ensalada de espinacas

- Conserva la línea
- Para invitados

Para 4 personas:
200 g de espinacas
1 cebolleta
3 cs de vinagre de Jerez
3 cs de aceite de sésamo tostado
1 cs de salsa de soja
Sal, pimienta
150 g de tomates cereza
250 g de carne de vieira
2 cs de mantequilla

Tiempo de preparación:
35 minutos

Aprox. por porción:
730 kJ/170 kcal.
8 g Pr/15 g Gr/5 g Hc

1 Limpiar las hojas de las espinacas y cortarles los tallos. Lavarlas en abundante agua y dejarlas escurrir bien en un colador. Pelar la cebolleta y partirla en dados pequeños.

2 Mezclar en un recipiente grande el aceite, la salsa de soja, la sal y la pimienta, y batir todo con las varillas hasta conseguir una salsa cremosa.

3 Lavar los tomates y partirlos a la mitad, ponerlos en el recipiente junto con las espinacas y la cebolleta, y mezclarlo todo bien. Repartir la ensalada, con cuidado, en cuatro platos.

4 Lavar la carne de las vieiras en agua fría y secarla bien. Calentar la mantequilla en una sartén, y freírla por ambos lados durante 3 minutos. Salpimentarla y, aún templada, colocarla sobre la ensalada de espinacas. Como acompañamiento de este plato, ofrecer pan blanco tostado con mantequilla; y para beber, vino blanco o cava.

Ensalada de roqueta con carne

- Sofisticada
- Fácil de hacer

Para 4 personas:
2 manojos de roqueta
250 g de tomates cereza
3 cs de vinagre de Jerez
5 cs de aceite de oliva
Sal, pimienta
1 pizca de azúcar
1 manojo de perejil
2 dientes de ajo
1 huevo
8 rebanadas de pan blanco
150 g de carne curada (cecina o jamón), cortada en lonchas

Tiempo de preparación:
25 minutos

Aprox. por porción:
970 kJ/230 kcal
12 g Pr/15 g Gr/13 g Hc

1 Limpiar la roqueta y cortarle los tallos en trocitos; lavarlos bien y dejarlos escurrir sobre un colador. Lavar también los tomates cereza, partirlos a la mitad y colocarlos en cuatro platos, junto con la roqueta.

2 Mezclar el vinagre con 3 cs de aceite de oliva, sal, la pimienta y el azúcar; batir todo con las varillas hasta conseguir una salsa cremosa. Aliñar con esta salsa la ensalada.

3 Lavar el perejil, secarlo bien, picarlo fino y colocarlo sobre un plato poco profundo. Pelar el ajo, machacarlo bien y añadirlo a los platos de ensalada. Batir el huevo en un plato hondo y salpimentarlo.

4 Rebozar las rebanadas de pan blanco en el huevo batido y pasarlas por el perejil picado. Calentar el resto del aceite de oliva en una sartén y freír las rebanadas de pan, a fuego medio, durante 5 minutos, hasta que estén doradas por ambos lados.

5 Colocar las lonchas de carne curada sobre la ensalada, de forma decorativa, y servir inmediatamente con las rebanadas de pan calientes.

Ensalada de melón y pepino con hierbabuena

- Fácil de hacer
- Conserva la línea

Para 4 personas:
1 pepino, 1 melón dulce
1 manojo de hierbabuena fresca
1 manojo de perejil
5 cs de zumo de limón
Sal, pimienta, azúcar
5 cs de aceite de girasol
150 g de gambas, peladas y cocidas

Tiempo de preparación: 30 minutos

Aprox. por porción: 850 kJ/200 kcal. 10 g Pr/13 g Gr/12 g Hc

1 Pelar el pepino, cortarlo a la mitad y, luego, a lo largo en cuatro partes; quitarle las semillas y partirlo en trozos de 1 cm. Dividir el melón en ocho partes, retirarle las pepitas y la corteza, y cortar la pulpa en trozos. Colocarlos en una fuente junto con los del pepino.

2 Lavar la hierbabuena y el perejil con agua fría, picarlos y añadirlos a la fuente.

3 Mezclar el zumo de limón con el azúcar, la sal, la pimienta y el aceite; aliñar la ensalada con ello. Añadir las gambas, mezclar todo bien y dejarlo reposar 10 minutos. Para beber va bien un vino Prosecco italiano, o un vino de La Rioja.

SUGERENCIA

El melón «Ogen» (especie redonda y con surcos bien marcados) pertenece al género de melones dulces. Tiene la piel verde amarillenta y su aroma es algo más ácido que el de otras variedades de melones dulces. Para la ensalada se pueden usar otras clases de melones, como el de Cantalup o el de Charentais.

Corazones de alcachofas con jamón

- Sofisticada
- Sencilla

Para 4 personas:
2 latas de corazones de alcachofas
1 cebolla pequeña
2 cs de aceite de oliva
1 diente de ajo
Sal, pimienta
1 pizca de pimienta de Cayena
1 pizca de azúcar
1 rama de tomillo
200 ml de vino blanco (o de caldo de carne)
4 cs de vinagre de vino blanco
1 pimiento rojo
1 pimiento amarillo
150 g de jamón serrano en lonchas no muy finas
Hojas de lechuga para adornar

Tiempo de preparación: 30 minutos

Aprox. por porción: 1 700 kJ/400 kcal. 11 g Pr/18 g Gr/21 g Hc

1 Escurrir las alcachofas sobre un colador y trocearlas, según tamaño, en dos o en cuatro partes. Colocarlas en una fuente.

2 Pelar la cebolla y picarla fino. Calentar el aceite en una sartén pequeña y sofreír la cebolla. Pelar el ajo, machacarlo y añadirlo a la cebolla. Condimentar con sal, pimienta, pimienta de Cayena y azúcar; añadir el tomillo. Incorporar el vino blanco y 2 cs de vinagre, y darle un hervor. Verter caliente sobre las alcachofas y dejar que enfríe.

3 Mientras tanto, limpiar los pimientos, cortarlos primero en tiras finas y, luego, en pequeños cuadrados. Partir el jamón en tiras finas.

4 Con una espumadera, retirar las alcachofas de la decocción y ponerlas en una ensaladera junto con los pimientos y el jamón.

5 Tomar 3 cs de la decocción y mezclarlas con el resto del vinagre, la sal y la pimienta formando una vinagreta. Aliñar con esta vinagreta la ensalada, mezclar todo y ponerlo en el frigorífico antes de servirlo. Adornar cuatro platos con las hojas de lechuga y distribuir la ensalada, decorativamente, por encima. Como acompañamiento, le va bien el pan blanco; y para beber, un Jerez seco.

SUGERENCIA

Si dispone de poco tiempo, puede utilizar corazones ya marinados de alcachofas en conserva.

En la parte inferior: corazones de alcachofas con jamón.
En la parte superior: ensalada de melón y pepino con hierbabuena.

Escarola con mango y pavo

- Para invitados
- Sofisticada

Para 4 personas:
400 g de filetes de pavo
2 cs de aceite
2 cs de semillas de sésamo
Sal, pimienta
1 cogollo de escarola grande
1 mango
2 cs de *crème fraîche*
1/2 ct de curry
5 cs de zumo de limón
3 cs de aceite de soja
1 ct de miel

Tiempo de preparación:
40 minutos

Aprox. por porción:
1 490 kJ/360 kcal.
25 g Pr/24 g Gr/11 Hc

1 Cortar los filetes de pavo en tiras de 1 cm de ancho. Calentar el aceite en una sartén y, a fuego medio, dorar la carne durante 5 minutos. Añadir 1 cs de las semillas de sésamo y tostarlas. Salpimentar la carne y retirarla de la sartén. Tostar ligeramente el resto de las semillas de sésamo.

2 Limpiar la escarola y trocearla con las manos, lavarla bien y dejarla escurrir sobre un colador.

3 Pelar el mango y partirlo en gajos alrededor del hueso. Triturar una tercera parte, junto con la *crème fraîche,* hasta conseguir un puré. Condimentarlo con sal, pimienta, el curry y 2 cs de zumo de limón. Cortar el resto del mango en cubitos pequeños.

4 Mezclar el zumo de limón sobrante con el aceite de soja, la miel, la sal y la pimienta. Remover la escarola en la salsa y repartirla entre los cuatro platos. Distribuir las tiras de pavo por ellos y poner un poco del puré de mango sobre cada uno. Adornar con los cubitos de mango y con el sésamo tostado.

Filetes de trucha ahumada sobre berros

- Sofisticada
- Fácil de hacer

Para 4 personas:
200 g de berros
2 zanahorias
3 cebolletas
2 cs de vinagre de hierbas
1 pizca de mostaza picante
Sal, pimienta
3 cs de aceite de nuez
1 manojo de cebollinos
2 cs de piñones
400 g de filetes de trucha ahumada

Tiempo de preparación:
30 minutos

Aprox. por porción:
1 230 kJ/300 kcal.
23 g Pr/19 g Gr/9 g Hc

1 Limpiar los berros, lavarlos y escurrirlos sobre un colador. Pelar las zanahorias y rallarlas finamente. Pelar las cebolletas y picarlas fino.

2 En un recipiente grande, mezclar el vinagre, la sal y la mostaza. Añadir el aceite y batir hasta conseguir una salsa cremosa.

3 Lavar los cebollinos bajo el chorro de agua fría y cortarlos en rodajas; mezclar la mitad de ellos con la salsa.

4 Tostar a fuego lento los piñones, en una sartén sin grasa, hasta que adquieran un tono dorado.

5 Agregar los berros, las cebolletas y las zanahorias a la salsa, sin dejar de remover, y mezclar los piñones. Repartir la ensalada en cuatro platos. Cortar los filetes de trucha en trozos de tamaño adecuado, y disponerlos sobre la ensalada. Adornar con el resto de los cebollinos.

Lollo rosso con setas y tocino

- Para invitados
- Fácil de hacer

Para 4 personas:
1 lechuga lollo rosso pequeña
3 cs de vinagre de Jerez
5 cs de aceite de nuez
Sal, pimienta
100 g de tocino
4 dientes de ajo
200 g de setas
1 cs de aceite

Tiempo de preparación:
30 minutos

Aprox. por porción:
1 190 kJ/280 kcal.
9 g Pr/26 g Gr/4 g Hc

1 Lavar la lechuga, partir las hojas con los dedos y escurrirlas sobre un colador. En un recipiente grande, mezclar el vinagre, el aceite de nuez, la sal y la pimienta hasta conseguir una salsa cremosa.

2 Quitarle la corteza al tocino y cortarlo en daditos. Pelar el ajo y partirlo en lonchas finas. Si fuera necesario, retirar los troncos más duros de las setas y, luego, cortarlas en tiras.

3 Calentar el aceite en una sartén y freír el tocino a fuego medio, para que se derrita. Mientras, freír a fuego lento las setas y el ajo de 5 a 7 minutos, sin dejar de remover.

4 Mezclar la ensalada con la salsa y repartirla en cuatro platos. Salpimentar las setas mezclarlas con el tocino y ponerlas junto a la lechuga; servir aún caliente.

VARIANTE

En lugar de utilizar un solo tipo de lechuga, se pueden mezclar varias clases. Por ejemplo, radicchio, roqueta y escarola. El tocino también puede sustituirse por pechuga de pavo ahumada, que tiene menos calorías.

Endibias con aguacate y salmón

- Rápida
- Sofisticada

Para 4 personas:
500 g de endibias
4 - 5 cs de zumo de limón
5 cs de aceite de cardo
1 pizca de azúcar
Sal, pimienta
1 aguacate maduro
200 g de salmón ahumado en lonchas

Tiempo de preparación:
20 minutos

Aprox. por porción:
1 000 kJ/240 kcal.
12 g Pr/18 g Gr/9 g Hc

1 Limpiar las endibias y retirar las hojas una a una, para quitarles el centro amargo. Lavar las hojas y escurrirlas sobre un colador.

2 En un recipiente grande, mezclar 2 cs de zumo de limón con el azúcar, la sal, la pimienta y batir con las varillas hasta conseguir una salsa cremosa.

3 Pelar el aguacate, partirlo a la mitad con un cuchillo afilado y quitarle el hueso. Cortar la carne en rodajas a lo ancho y rociarlas con el resto del zumo de limón. Salpimentarlas ligeramente.

4 Empapar las hojas de endibia en la salsa y disponerlas en forma de estrella, sobre cuatro platos. Aliñarlas con el resto de la salsa. Hacer unos rollitos con las lonchas de salmón ahumado y adornarlas con las rodajas de aguacate.

VARIANTE

En lugar de salmón, puede utilizar filetes de trucha ahumados. Si desea que esta ensalada tenga carne, también puede emplear pechuga de pollo asada, cortada en filetes.

En la parte inferior: endibias con aguacate y salmón.
En la parte superior: lollo rosso con setas y tocino.

Ensaladas de todo el mundo

Cada país tiene sus especialidades que, en base a su tipo de suelo y clima, dan lugar a ingredientes específicos. En el área mediterránea predominan las verduras, las aceitunas, el ajo y las hierbas aromáticas.
En Asia se emplean la pasta de arroz, el jengibre, el aceite de sésamo y las frutas. A menudo, los platos orientales se componen de cereales, como el cuscús y el bulgur, y están muy condimentados con hierbabuena, azafrán, comino y mucho zumo de limón.
El aguacate, el maíz, las alubias y el chile predominan en las comidas mejicanas y en las de otros países sudamericanos. Los favoritos en Norteamérica son clásicos: *Caesar's salad*, *croûtons* y salsa parmesana. En Estados Unidos hay una enorme variedad de salsas preparadas para acompañar las ensaladas, como *Blue Cheese* y *Thousand Islands*.
¿Le apetece realizar un viaje culinario?
Pues bien, aquí encontrará una selección internacional de recetas de ensaladas.

Información sobre los ingredientes

El cuscús es una sémola de cereal que, en el norte de África, se prepara al vapor. Es posible adquirirlo en supermercados o en tiendas especializadas.
La pasta de arroz asiática está formada por unos «hilos» hechos con harina de arroz. Al cocerlos adquieren un aspecto translúcido. Apenas tienen sabor propio y requieren mucha condimentación.
El jengibre es un arbusto asiático. Las raíces nudosas del jengibre fresco tienen un aroma típico muy intenso. Se emplea pelado y picado muy fino. Se mantiene muy fresco si se congela pelado y picado. También lo

hay molido, pero resulta mucho menos aromático. El aceite de sésamo tostado tiene un maravilloso aroma a nuez y se emplea, en pequeñas cantidades, como condimento. Se puede adquirir en grandes supermercados y en tiendas especializadas de productos asiáticos.

Los brotes de soja se ofrecen envasados en tarros, en latas o frescos. Los brotes de soja frescos deben tener siempre un color blanco impoluto. Se deben cocer muy brevemente, de lo contrario resultan difíciles de digerir.

Los filetes de anchoa se ofertan en latas. Dado que suelen ser bastante salados, se deben lavar con un buen chorro de agua fría y, luego, dejarlos secar antes de usarlos.

Para la decoración

Además, unas cuantas ideas para que la vista disfrute también del plato.

El queso Parmesano resulta especialmente atractivo rallado en forma de virutas. Para conseguirlo, sólo hay que rebanarlo con un pelador fino en lonchitas y distribuirlas sobre la ensalada.

La flor de pimiento es muy decorativa y muy fácil de hacer. Se corta la punta de un pimiento (guindilla) y se le quitan las semillas. Se corta longitudinalmente en tiras y se pone en agua fría durante 30 minutos, para que las tiras se ricen y adquieran la forma de flor.

En lugar de usar judías verdes finas, se pueden emplear judías verdes normales, cortadas en tiras. Queda muy bien y es más barato.

Las cebolletas deben cortarse reservando unos 10 cm de tallo. Luego se dividen longitudinalmente en tiras estrechas pero sin cortarlas del todo, presentándolas del mismo modo que las flores de pimiento.

Las gambas adquieren un aspecto especialmente atractivo cuando, una vez peladas, se les deja la cola. Se pueden comprar congeladas, ya preparadas de este modo, en tiendas especializadas.

La cocina internacional emplea muchos y muy diversos ingredientes. En la fotografía (de izquierda a derecha): filetes de anchoa y aceitunas negras, arenques, queso, pasta de arroz, salsa para ensaladas, aceite de oliva y bulgur.

Caesar's Salad

- Para invitados
- Especialidad americana

Para 4 personas:
1 lechuga
2 dientes de ajo
2 filetes de anchoa
2 yemas de huevo
8 cs de aceite de oliva
3 cs de zumo de limón
60 g de queso Parmesano rallado
Sal, pimienta
3 rebanadas de pan de molde
3 cs de mantequilla

Tiempo de preparación:
30 minutos

Aprox. por porción:
2 060 kJ/500 kcal.
12 g Pr/44 g Gr/15 g Hc

1 Limpiar la lechuga, trocearla con los dedos, lavarla y dejarla escurrir bien sobre un colador.

2 Pelar el ajo. Picar finamente los filetes de anchoa. Batir las yemas de huevo con la batidora de varillas mientras se va añadiendo el aceite, poco a poco, hasta que la salsa adquiera una textura ligeramente cremosa. Añadir el zumo de limón y 1 diente de ajo machacado. Mezclar las anchoas y el queso Parmesano (30 g), y condimentar la salsa con la sal y la pimienta.

3 Poner la ensalada en una fuente, verter la salsa por encima y mezclar todo bien. Repartir la ensalada en cuatro platos.

4 Quitar la corteza a las rebanadas de pan y trocearlas en daditos. Calentar la mantequilla en una sartén y freír el pan hasta que esté dorado. Mientras se va dorando, agregar el otro diente de ajo machacado. Repartir los cubitos de pan frito sobre los cuatro platos, y añadir el resto del queso Parmesano sobre la ensalada. Servir inmediatamente.

SUGERENCIA

Si se añade pechuga de pollo asada, o unas tiras de jamón, esta ensalada se convierte en un almuerzo ligero.

Salade Niçoise

- Sencilla
- Especialidad francesa

Para 4 personas:
3 huevos
150 g de judías verdes
250 g de tomates
1 cogollo de lechuga
1 lata de atún al natural (150 g)
5 filetes de anchoa
1/2 pepino
100 g de aceitunas negras
4 cs de vinagre de vino blanco
1 ct de mostaza picante
Pimienta, sal
6 cs de aceite de oliva

Tiempo de preparación:
30 minutos

Aprox. por porción:
1 480 kJ/350 kcal.
17 g Pr/27 g Gr/11 g Hc

1 Cocer los huevos durante 10 minutos; cuando estén cocidos, ponerlos inmediatamente bajo el chorro de agua fría y pelarlos.

2 Llevar a ebullición agua con sal. Limpiar las judías, cortarlas en trozos de unos 3 cm y cocerlas en el agua hirviendo durante 10 minutos, hasta que estén tiernas. Ponerlas bajo agua fría y escurrirlas bien.

3 Lavar los tomates y trocearlos en cuatro pedazos, según tamaño. Limpiar la lechuga, lavarla bien y partirla con los dedos. Lavar, con agua fría, los filetes de anchoa, secarlos y cortarlos a la mitad. Lavar el pepino y hacerlo en rodajas.

4 En un recipiente grande, mezclar las judías, los tomates, el pepino, el atún, las anchoas y las aceitunas negras.

5 Hacer una salsa con vinagre, mostaza, sal, pimienta y aceite de oliva; verterla por encima. Adornar con unas hojas de lechuga una ensaladera o cuatro recipientes individuales, y poner la ensalada encima. Cortar los huevos cocidos en cuatro partes y adornar con ellos la ensalada.

VARIANTE

Si es de su gusto, a esta ensalada Niçoise puede añadirle unos aros de cebolla.

Panzanella

- Especialidad italiana
- Sencilla

Para 4 personas:
250 g de pan de molde, sin corteza
6 cs de aceite de oliva
3 cs de vinagre de vino
2 cs de Aceto balsámico
600 g de tomates
1 cebolla
2 dientes de ajo
2 cs de alcaparras
Sal, pimienta
1 manojo de albahaca

Tiempo de preparación:
40 minutos

Aprox. por porción:
1 620 kJ/390 kcal.
7 g Pr/23 g Gr/41 g Hc

1 Cortar las rebanadas de pan en daditos de 2 cm. En una sartén antiadherente calentar 2 cs de aceite de oliva y freír el pan, a fuego medio, hasta que esté dorado; escurrirlo y reservarlo en una fuente. Mezclar 1 cs de vinagre con el Aceto balsámico y con 2 cs de agua, regar el pan y dejar que repose, tapado, durante 15 minutos.

2 Lavar los tomates, cortarlos en rodajas -después de haberles quitado el rabito-, y trocearlos en cubitos; ponerlos en una fuente. Pelar la cebolla y picarla fino. Pelar el ajo, machacarlo y añadirlo al tomate junto con la cebolla. Agregar y mezclar bien las alcaparras.

3 Mezclar el resto del vinagre con la sal, la pimienta y el aceite de oliva restante hasta conseguir una salsa cremosa. Lavar la albahaca, picarla e incorporarla mezclándola bien.

4 Añadir los dados de pan marinado a la verdura, y regar con la salsa, mezclándolo todo bien; dejar reposar nuevamente durante unos minutos. Antes de servir la ensalada rectificar, si es necesario, el condimento al gusto.

Ensalada campesina

- Fácil de hacer
- Especialidad griega

Para 4 personas:
1 pepino
1 pimiento
500 g de tomates
1 cebolla roja
250 g de queso griego de oveja
100 g de aceitunas negras
4 cs de vinagre de vino blanco
6 cs de aceite de oliva
Sal, pimienta
1 cs de orégano fresco (o 1 ct de seco)

Tiempo de preparación:
25 minutos

Aprox. por porción:
1 790 kJ/430 kcal.
11 g Pr/37 g Gr/17 g Hc

1 Pelar el pepino, cortarlo longitudinalmente y quitarle las semillas con una cuchara; cortarlo en trozos de 1 cm. Limpiar el pimiento, lavarlo y partirlo en aros. Lavar los tomates, quitarles el rabo y trocearlos en ocho partes.

2 Pelar la cebolla, partirla en aros y cortarlos a la mitad. Poner todos estos ingredientes en una fuente. Cortar el queso de oveja en cubitos o desmigarlo con los dedos, echándolo por encima de la ensalada. Añadir las aceitunas.

3 Mezclar el vinagre, el aceite de oliva, la sal y la pimienta; batirlo todo hasta conseguir una salsa cremosa. Agregar el orégano, removiéndolo todo bien.

4 Verter la salsa sobre la ensalada. Como acompañamiento, pan blanco; y de beber, vino Retsina griego.

En la parte inferior: ensalada campesina. En la parte superior: *panzanella*.

Ensalada de pasta de arroz con verdura

- Sofisticada
- Especialidad asiática

Para 4 personas:
100 g de pasta de arroz
250 g de setas shiitake
2 cs de aceite
1 pimiento rojo
150 g de brotes de soja
1 manojo de cilantro (o de perejil)
1 trozo de jengibre
3 cs de salsa de soja
3 cs de vinagre suave de arroz (o vinagre de vino blanco)
3 cs de aceite de sésamo tostado
Sal, pimienta

Tiempo de preparación:
45 minutos

Aprox. por porción:
1 960 kJ/470 kcal.
15 g Pr/19 g Gr/72 g Hc

1 Verter abundante agua hirviendo sobre la pasta de arroz y dejar que repose en el recipiente durante 10 minutos; escurrir bien sobre un colador. Cortar la pasta con unas tijeras sin retirarla del colador.

2 Limpiar las setas y ponerlas bajo el chorro de agua fría sobre un colador, mientras se sacuden. Secar bien las setas con un paño y cortarlas en tiras finas. Calentar el aceite en una sartén y freír las setas, a fuego medio, durante unos 10 minutos; retirarlas y dejarlas enfriar.

3 Limpiar el pimiento, lavarlo y cortarlo en daditos. Dar un hervor a los brotes de soja y escurrirlos bien. Lavar el cilantro y picarlo. Ponerlo en un recipiente junto con el pimiento, los brotes de soja, la pasta de arroz y las setas.

4 Pelar el jengibre y picarlo fino. Hacer una salsa mezclando la salsa de soja, el vinagre, el aceite de sésamo, la sal y la pimienta. Añadir el jengibre y comprobar el aliño. Verter la salsa sobre los ingredientes de la ensalada y mezclar bien.

Gado Gado

- Para invitados
- Especialidad indonesia

Hay distintas variantes de esta ensalada: con alubias, coliflor y repollo. Lo típico es la salsa de cacahuete.

Para 4 personas:
500 g de pechuga de pollo
2 cs de aceite de cacahuete
2 cs de sésamo
2 dientes de ajo
1 cebolla, sal
1 trozo de jengibre fresco (como una nuez)
2 cs de aceite de sésamo tostado
150 g de mantequilla de cacahuete
1 col china pequeña
2 zanahorias, pimienta

Tiempo de preparación:
40 minutos

Aprox. por porción:
2 150 kJ/510 kcal.
35 g Pr/36 g Gr/16 g Hc

1 Cortar la carne en tiras finas. Calentar el aceite de cacahuete y freír en él la carne durante 5 minutos, a fuego medio. Salpimentar y retirarla. Dorar el sésamo en la sartén y reservarlo.

2 Pelar el ajo, la cebolla y el jengibre. Partir la cebolla en cubitos. Calentar el aceite de sésamo en una sartén; rallar finamente el jengibre sobre la sartén y freírlo, junto con la mitad de la cebolla, hasta que esté blanda. Agregar el ajo machacado. Batir con las varillas la mantequilla de cacahuete, junto con unos 200 ml de agua, hasta conseguir una salsa cremosa. Salpimentar al gusto y dejar que enfríe.

3 Limpiar la col china, partirla a la mitad y cortarla en tiras muy finas; lavarla y escurrirla sobre un colador; reservarla en un recipiente. Pelar las zanahorias, rallarlas y añadirlas. Incorporar a esta mezcla el resto de la cebolla.

4 Distribuir la ensalada en cuatro platos. Colocar sobre ellos las tiras de pollo y aliñar con la salsa de cacahuete. Adornar con el sésamo tostado.

VARIANTE

En lugar de la pechuga de pollo, se pueden añadir 200 g de gambas, cocidas y peladas.

En la parte inferior: ensalada de pasta de arroz con verdura.
En la parte superior: *Gado Gado.*

Ensalada tibia de berenjena

- Fácil de hacer
- Especialidad turca

Para 4 personas:
2 pimientos grandes
300 g de tomates
750 g de berenjenas
400 g de calabacín
6 cs de aceite de oliva
Sal, pimienta
2 cs de pimentón dulce
1 cs de comino
3 dientes de ajo
8 cs de zumo de limón
Hierbabuena

Tiempo de preparación:
45 minutos

Aprox. por porción:
1 200 kJ/290 kcal.
5 g Pr/21 g Gr/25 g Hc

1 Precalentar el horno a 250 ºC (con aire caliente, a 220 ºC), poner los pimientos sobre la rejilla central y asarlos hasta que comiencen a tener pequeñas ampollas, dándoles la vuelta una vez. Sacarlos y dejarlos que enfríen un poco.

2 Mientras tanto, escaldar los tomates, quitarles la piel y las semillas y cortarlos en trocitos. Lavar la berenjena y el calabacín, y trocearlos en cubitos de 1 cm de lado. Pelar los pimientos y cortarlos en tiras finas.

3 En una sartén grande, calentar el aceite de oliva y freír los cubitos de berenjena durante 5 minutos, sin dejar de remover. Añadir los cubitos de calabacín y continuar friendo durante otros 3 minutos. Condimentar con la sal, la pimienta, el pimentón y el comino. Pelar el ajo y añadirlo machacado; continuar friendo un poco más. Colocar la verdura en una fuente, rociarla con el zumo de limón y remover bien todo.

4 Freír ligeramente los tomates junto con las tiras de pimiento, y agregarlos a las otras verduras; mezclar todo bien y condimentar al gusto.

5 Lavar la hierbabuena, y picar las hojas muy fino; incorporarlas a la verdura, mezclando todo bien. Esta ensalada de verduras se sirve tibia (aunque también se puede servir fría).

Tabouleh

- Barata
- Especialidad libanesa

Esta ensalada de verduras de *bulgur*, es muy apropiada para los días muy calurosos, por el efecto refrescante del zumo de limón y de la hierbabuena.

Para 4 personas:
100 g de *bulgur* fino (o de cuscús)
2 tomates grandes
1 pepino
1 manojo de cebolletas
1 manojo de perejil
1 manojo de hierbabuena fresca
El zumo de 3 limones
Sal, pimienta
1 pizca de comino
5 cs de aceite de oliva

Tiempo de preparación:
55 minutos

Aprox. por porción:
1 150 kJ/270 kcal.
8 g Pr/15 g Gr/33 g Hc

1 Verter el *bulgur* en una cazuela con 1/4 l de agua tibia, y dejar a remojo hasta que el agua haya sido totalmente absorbida. En caso de necesidad, se puede añadir algo más de agua.

2 Mientras tanto, lavar los tomates, cortarlos a la mitad y quitarles las semillas y los rabitos; partirlos en forma de daditos y ponerlos en una fuente. Pelar el pepino, cortarlo longitudinalmente y quitarle las semillas con una cuchara; trocearlo en daditos. Limpiar las cebolletas, lavarlas y cortarlas en aros finos y, junto con el pepino, añadirlas al tomate.

3 Lavar el perejil y la hierbabuena, y picar las hojas. Mezclar con el bulgur y agregarlo a las verduras.

4 Mezclar el zumo de limón con la sal, la pimienta, el comino y el aceite de oliva. Rociar la ensalada con la salsa, removerla bien y dejarla reposar durante 15 minutos. Antes de servir, comprobar el condimento por si fuera necesario añadir algo más. De acompañamiento va bien el pan de pita caliente; para beber, cerveza o vino tinto.

En la parte inferior: ensalada tibia de berenjena.
En la parte superior: *tabouleh*.

Ensalada de marisco con verdura

- Especialidad española
- Sencilla

Para 4 personas:
1 pimiento rojo
1 pimiento verde
1 pepino pequeño
1 cebolla, 2 tomates
5 cs de aceite de oliva
250 g de vieiras (sin concha)
150 g de gambas, cocidas y peladas
3 cs de vinagre de Jerez
Sal, pimienta
2 dientes de ajo
1 manojo de perejil
Hojas de lechuga

Tiempo de preparación:
30 minutos
Tiempo para el marinado:
1 hora

Aprox. por porción:
1 380 kJ/330 kcal.
21 g Pr/20 g Gr/21 g Hc

1 Limpiar los pimientos y lavarlos. Pelar el pepino, partirlo longitudinalmente y quitarle las semillas con una cuchara. Pelar la cebolla y cortarla en pequeños daditos, junto con el pimiento y el pepino. Poner todo en un recipiente.

2 Escaldar los tomates, quitarles la piel y las semillas y cortarlos en pequeños dados. Echarlos en el recipiente.

3 Calentar 1 cs de aceite de oliva y freír las vieiras a fuego medio, durante 3 minutos; darles una vez la vuelta. Dejar que enfríen, cortarlas en trocitos y añadirlas a la verdura junto con las gambas.

4 Preparar una salsa cremosa con el vinagre, el aceite restante, la sal y la pimienta, batiendo bien. Pelar el ajo y agregarlo, bien machacado. Lavar el perejil, y picar las hojas finamente; incorporar al resto de los ingredientes, removiendo. Verter la salsa sobre la ensalada, mezclarlo todo bien y dejar que repose durante 1 hora en el frigorífico.

5 Lavar las hojas de lechuga, escurrirlas y ponerlas sobre una fuente. Colocar la ensalada encima.
O, como aparece en la fotografía, servir decorativamente en las conchas de las vieiras.

Ensalada de arenque con remolacha roja

- Fácil de hacer
- Especialidad escandinava

Para 4 personas:
600 g de patatas cocidas
400 g de remolachas rojas pequeñas
2 huevos
1 cebolla
2 pepinillos en vinagre
1 manzana ácida
3 cs de zumo de limón
8 filetes de arenque preparados
2 manojos de eneldo
200 g de nata agria
4 cs de vinagre de vino blanco
Sal, pimienta

Tiempo de preparación:
1 hora
Tiempo de marinado:
30 minutos

Aprox. por porción:
3 620 kJ/870 kcal.
75 g Pr/46 g Gr/36 g Hc

1 Cocer las patatas y la remolacha en cacharros separados, bien cubiertas de agua, durante 20 - 30 minutos, respectivamente. Escurrirlas y dejarlas enfriar. Cocer los huevos durante 10 minutos, ponerlos bajo el chorro de agua fría y pelarlos.

2 Pelar la cebolla y picarla finamente. Cortar los pepinillos en cubitos pequeños. Pelar la manzana, trocearla en cuatro partes, quitarle las semillas, partirla en daditos y rociarlos con el zumo de limón.

3 Pelar las patatas y la remolacha, y cortarlas en cubitos de 1 cm de lado. Ponerlos en un recipiente junto con la cebolla, el pepinillo y la manzana. Hacer tiras anchas de los filetes de arenque y agregarlas a la ensalada.

4 Lavar el eneldo y picarlo fino. Mezclar bien la nata agria con el vinagre, la sal y la pimienta. Agregar el eneldo, removiendo, y rociar la ensalada con la salsa. Mezclar todo bien y dejar reposar en el frigorífico, bien tapado, durante 30 minutos.

5 Antes de servir, cortar los huevos en cuatro partes y colocarlos decorativamente sobre la ensalada.

Ensaladas para el almuerzo

Como comida ligera, la ensalada es ideal. Para almorzar, cenar o, simplemente, entre horas. Los ingredientes deberían ser frescos, tiernos y estar bien combinados para que resulten sanos y digestivos. Las combinaciones pueden ser de lo más sofisticadas, y las más especiales las encontrará en este capítulo, para poder hacerlas en casa. ¡Haga la prueba! Las recetas que aquí se presentan son para 2 personas.

Ensaladas de lechuga

Las ensaladas de lechuga son las estrellas en la ensaladera. Todos los tipos se pueden adquirir, hoy en día, durante todo el año.

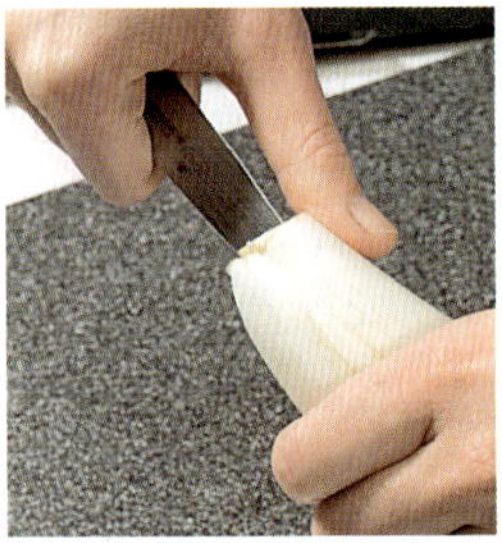

Endibia: se deberían desechar los centros amargos, desde la raíz y en forma de cono, de los cogollos de puntas verdes. Si no puede hacer uso de las hojas enteras, córtelas en tiras a lo largo y a lo ancho.

Lechuga de hoja de roble: se trata de una variante de lechuga con hojas de color rojo verdoso, cuya forma recuerda a las hojas del roble.

Lechuga iceberg: originalmente proviene de América, es de color verde claro y las hojas son carnosas y tiernas. No se apelmaza fácilmente, por lo que puede conservarse durante unos cuantos días.

Berros: es una especie típica del otoño/invierno. Las pequeñas plantas de color verde oscuro tienen un sabor delicioso. Dado que a menudo llevan tierra entre las hojas, deben lavarse varias veces con abundante agua corriente.

Escarola: pertenece a la familia de la endibia y tiene hojas que van del amarillo claro al verde oscuro, con ramificaciones en los extremos. Su sabor es ligeramente amargo. La escarola es muy decorativa y combina muy bien con otros tipos de lechuga.

Lechuga: la clásica lechuga verde es la más conocida y la preferida entre todas las lechugas. Hay una variante llamada Batavia, con hojas rojas.

Lollo rosso y lollo bianco: son variantes de la lechuga clásica, con hojas rizadas. Es verde o roja, a elegir.

Radicchio: su cogollo es pequeño y compacto, con hojas de color rojo y rosado; y nervios blancos. Su sabor es amargo y áspero. Es ideal para mezclar con otros tipos de lechuga, por su colorido y buen sabor.
Lechuga romana: sus hojas son alargadas, de color verde oscuro y duras. Lo mejor es partirlas con los dedos en trozos muy pequeños, o cortarlas en tiras finas.
Roqueta: llamada también rucola, proviene de Italia y ha ganado numerosos adeptos en toda Europa. Sus hojas son de color verde oscuro y tienen un ligero aroma a nuez.

Mezclas preparadas

Mesclun: es una mezcla noble de lechugas provenientes de Francia. Puede adquirirse en tiendas especializadas y en fruterías. Los distintos tipos de lechuga se siembran ya conjuntamente, y se recogen cuando aún son muy jóvenes y tiernas.
Mezclas de lechugas ya limpias: pueden adquirirse en los supermercados, presentadas en pequeñas bandejas. Son muy prácticas cuando se tiene prisa, pero sólo son recomendables si los paquetes se conservan en estantes climatizados y cuando la lechuga tiene el aspecto de estar absolutamente fresca. En todo caso, debe volverse a lavar en casa.

Preparar ensaladas

- Limpiar la lechuga, lavarla y escurrirla muy bien. Esto último es muy importante, porque cuanto más seca esté la hoja mejor absorberá el aliño.
- Una opción puede ser dejar preparada una cantidad mayor y guardarla en bolsas en el congelador, con cuidado de no prensar las hojas. La lechuga se puede conservar en el frigorífico de 3 - 4 días. Lo mismo vale para las hierbas.
- Lo mejor es partir las hojas de lechuga con los dedos. Si lo hace con un cuchillo, aparecerán rebordes oscuros en las zonas de corte.
- En caso de que las hojas se hayan quedado mustias, simplemente póngalas en una solución de sales minerales: volverán a recuperarse al momento.

Su ensalada más crujiente

Antes de servirla, añada a la ensalada pipas de calabaza, piñones, pipas de girasol, cacahuetes o almendras troceadas. Lo mejor es tostar previamente estos frutos en una sartén antiadherente durante un corto período de tiempo. Por cierto, este aditamento no sólo le dará a su ensalada un toque más apetitoso, sino que añadirá valiosos minerales y vitaminas. También puede probar otra opción, cortando pan blanco en daditos y dorándolos en mantequilla o en aceite de oliva. Además, los puede condimentar a su gusto con ajo machacado, hierbas o chile. Esto se puede tener ya preparado, guardándolo durante unas dos semanas en un tarro de cierre hermético.

¡Lechuga, lechuga, lechuga! Desde abajo y en el sentido de las agujas del reloj: pipas de girasol y de calabaza, escarola, endibia, *radicchio*, lechuga clásica, *iceberg*, *lollo rosso*, berros, roqueta y lechuga de hoja de roble.

Albóndigas de cordero sobre lechuga

- Para invitados
- Fácil de hacer

Para 2 personas:
250 g de carne de cordero picada
2 cs de almendras
2 cs de harina, 1 huevo
2 dientes de ajo, sal
Pimienta, 1 cebolleta
Pimienta de Cayena
6 cs de aceite de oliva
1 cogollo de lechuga Batavia
1 cogollo de lechuga radicchio
1 cs de vinagre de Jerez
1 ct de orégano

Tiempo de preparación:
30 minutos

Aprox. por porción:
2 820 kJ/670 kcal.
23 g Pr/58 g Gr/15 g Hc

1 Poner en un bol la carne, el huevo, las almendras y la harina. Pelar un diente de ajo y añadirlo machacado a la mezcla. Condimentar con sal, pimienta y pimienta de Cayena. Mezclar con las manos.

2 Con las manos humedecidas, formar 10 - 12 bolas de carne. Verter en una sartén 2 cs de aceite y, cuando esté caliente, freír las bolas a fuego medio, durante 8 minutos; reservarlas en el horno a 50 ºC, para que se mantengan calientes.

3 Limpiar la lechuga y cortarla en tiras; lavarla y escurrirla bien. Pelar la cebolleta y hacerla aros.

4 Mezclar el vinagre con el resto del aceite de oliva, la sal, la pimienta y el orégano. Pelar el otro diente de ajo y añadirlo machacado. Batir la salsa hasta conseguir una mezcla cremosa.

5 Agregar la lechuga a los aros de cebolleta y unirlos a la salsa removiendo. Repartir la ensalada en dos platos, y colocar las albóndigas tibias encima.

Ensalada de verdura tibia con jengibre

- Conserva la línea
- Sofisticada

Para 2 personas:
200 g de repollo
2 calabacines pequeños
1 pimiento rojo
150 g de champiñones
1 trozo de jengibre fresco
2 cs de aceite de soja
2 cs de aceite de sésamo tostado
2 dientes de ajo
1 ct de especias chinas (mezcla de 5 especias)
Sal, pimienta
3 cs de zumo de limón
1 cs de salsa de soja

Tiempo de preparación:
30 minutos

Aprox. por porción:
1 040 kJ/250 kcal.
5 g Pr/21 g Gr/13 g Hc

1 Limpiar el repollo, partirlo a la mitad y cortarlo en tiras finas; lavarlo bien y escurrirlo. Lavar también el calabacín y hacerlo rodajas finas. Limpiar el pimiento, lavarlo bien y trocearlo en daditos. Limpiar los champiñones, lavarlos y partirlos en lonchas. Pelar el jengibre y picarlo fino.

2 Calentar el aceite de soja y el aceite de sésamo en una sartén grande o en un wok. Freír los champiñones a fuego vivo, durante 5 minutos, y reservarlos. Freír el repollo y el calabacín en el mismo aceite, a fuego medio, durante 5 minutos. Pelar el ajo, machacarlo y añadirlo. Mientras se está friendo, agregar el jengibre, el pimiento y los champiñones. Condimentar con sal, la pimienta y las especias chinas.

3 Remover bien y, a continuación, mezclar el zumo de limón y la salsa de soja. Llevar a ebullición toda la verdura junta, y servir la ensalada tibia repartida en dos platos.

VARIANTE

De esta manera, convertimos esta ensalada en una comida completa: se añaden 200 g de gambas cocidas y peladas, o 2 filetes de pechuga de pollo fritos y cortados en tiras finas; o también se pela una piña, se trocea y se mezcla con la ensalada.

En la parte inferior: ensalada de verdura tibia con jengibre. En la parte superior: albóndigas de cordero sobre lechuga.

Tiras de vacuno sobre lechuga

- Conserva la línea
- Rápida

Para 2 personas:
4 cs de aceite
2 filetes de vacuno (150 g cada uno)
Sal, pimienta
1 cogollo pequeño de lechuga
1/2 manojo de perejil
1 naranja
1 cebolla
2 cs de vinagre de vino blanco

Tiempo de preparación:
30 minutos

Aprox. por porción:
1 275 kJ/300 kcal.
30 g Pr/20 g Gr/8 g Hc

1 Echar 1 cs de aceite en una sartén y calentarlo hasta que esté muy caliente. Freír los filetes a fuego medio, durante 6 minutos por ambos lados, de modo que la carne quede ligeramente rosada en el centro. Salpimentar la carne, retirarla de la sartén y dejarla enfriar. Cortarla en tiras no muy anchas.

2 Limpiar la lechuga, trocearla, lavarla bajo el chorro de agua y dejarla escurrir bien. Lavar también el perejil y secarlo bien. Pelar muy bien la naranja, teniendo cuidado de quitarle también la piel blanca. Separar los gajos con cuidado, y retirarles la piel; partirlos por la mitad. Pelar la cebolla, cortarla a la mitad y hacerla tiras finas.

3 En un recipiente, batir el vinagre con el resto del aceite, la sal y la pimienta, hasta conseguir una mezcla cremosa. Empapar las tiras de carne en la salsa y reservarlas.

4 Añadir a la salsa el perejil, la cebolla cortada en tiras y la lechuga; repartir todo en dos platos. Colocar sobre la ensalada las tiras de carne en forma de abanico, y adornar con los gajos de naranja. De acompañamiento puede ofrecer pan blanco tostado y mantequilla a las finas hierbas, servido con un Chardonnay californiano.

Ensalada de queso con nueces al ajo

- Fácil de hacer
- Sofisticada

Para 2 personas:
2 endibias
200 g de queso Comté o Emmental
1 cebolla roja pequeña
100 g de uvas negras
2 cs de vinagre de vino blanco
3 cs de aceite de nuez
Sal, pimienta
1 cs de mantequilla
50 g de nueces peladas
1 diente de ajo

Tiempo de preparación: 30 minutos

Aprox. por porción:
3 020 kJ/720 kcal
33 g Pr/58 g Gr/23 g Hc

1 Cortar las endibias longitudinalmente, desechando el centro amargo de la base. Desprender 6 hojas completas y reservarlas. Cortar el resto en tiras de 1 cm de ancho, lavarlas bien y dejarlas escurrir sobre un colador.

2 Cortar el queso en daditos. Pelar la cebolla y hacer con ella dados pequeños; ponerlos en una fuente junto con el queso y las endibias. Lavar las uvas, partirlas a la mitad y, después de quitarles las pepitas, añadirlas a la fuente.

3 Batir el vinagre, el aceite de nuez, la sal y la pimienta, hasta conseguir una salsa cremosa; verterla sobre los ingredientes, mezclándola bien. Repartir las hojas de endibia entre los dos platos y poner la ensalada sobre ellas.

4 Calentar en una sartén la mantequilla y echar las nueces, sin dejar de remover. Pelar el ajo, machacarlo bien y añadirlo a las nueces. Cuando todavía están calientes echar las «nueces al ajo» sobre la ensalada.

VARIANTE

Se pueden sustituir las uvas por una pera cortada en dados pequeños.

Langostinos sobre tirabeques

- Fácil de hacer
- Para invitados

Para 2 personas:
6 langostinos cocidos y pelados
5 cs de zumo de limón
300 g de tirabeques
1 aguacate maduro
Sal, pimienta
1/2 manojo de cilantro (o perejil liso)
1 pizca de pimienta de Cayena
3 cs de vinagre de vino blanco
3 cs de aceite

Tiempo de preparación: 30 minutos

Aprox. por porción:
1 880 kJ/450 kcal.
21 g Pr/33 g Gr/21 g Hc

1 Lavar los langostinos con agua fría. Secarlos bien y echarles limón. Poner a hervir agua abundante. En caso de que sea necesario, limpiar los tirabeques, lavarlos bien y cocerlos en el agua durante 2 minutos. Colocarlos sobre un colador poco profundo y ponerlos bajo el chorro de agua fría. Escurrirlos bien.

2 Pelar el aguacate, partirlo por la mitad y extraer el hueso. Cortar una mitad en pequeños cubos, echarles limón inmediatamente, salpimentarlos y reservarlos en el frigorífico. Partir la otra mitad en trozos y, con el resto del limón, ponerlos en la batidora.

3 Lavar bien el cilantro bajo el chorro de agua fría. Añadir la mitad de las hojas al aguacate y batir todo junto hasta conseguir un puré. Condimentar con sal, pimienta y pimienta de Cayena.

4 En un recipiente grande, preparar una vinagreta con el vinagre, el aceite, la sal y la pimienta. Mezclar bien el resto del cilantro con la vinagreta.

5 Empapar en la vinagreta los tirabeques y los cubitos de aguacate, y repartirlos en dos platos. Colocar los langostinos encima y, sobre cada uno de ellos, poner un montoncito del puré de aguacate.

Pechuga de pollo sobre lechuga

- Sofisticada
- Sencilla

Para 2 personas:
2 cebolletas
2 cs de vinagre de Jerez
2 cs de aceite de oliva
1 cs de miel
Sal, pimienta negra
1 pizca de comino
2 filetes de pechuga de pollo
150 g de Mesclun (mezcla de diferentes tipos de lechuga)
1 cs de salsa de soja
1 ct de mostaza de Dijon
3 cs de aceite de cacahuete
2 cs de cacahuetes pelados

Tiempo de preparación: 20 minutos
Tiempo de marinado: 30 minutos

Aprox. por porción:
2 370 kJ/570 kcal.
30 g Pr/47 g Gr/9 g Hc

1 Pelar las cebolletas y picarlas muy fino. Mezclar 1 cs de vinagre con otra de aceite de oliva y la miel. Añadir las cebolletas, la pimienta y el comino removiendo bien.

2 Lavar los filetes de pollo en agua fría y secarlos bien. Freírlos, por ambos lados, en 2 cs de aceite de oliva durante 10 minutos. Cortarlos en lonchas y colocarlos en un plato. Regarlos bien con el marinado y dejarlos reposar, tapados, durante 30 minutos.

3 Mientras tanto, lavar bien la lechuga y dejarla escurrir sobre un colador.

4 Mezclar el resto del vinagre de Jerez con la salsa de soja, la mostaza, el aceite de cacahuete, la sal y la pimienta. Partir los cacahuetes en trozos grandes y agregar la mitad de ellos a la salsa.

5 Empapar bien la lechuga en la salsa y repartirla en dos platos. Colocar los filetes de pollo sobre la lechuga y adornar con los trozos de cacahuetes restantes.

En la parte inferior: langostinos sobre tirabeques. En la parte superior: pechuga de pollo sobre lechuga.

PROSE

Ensalada de berros con hígado de pollo

- Fácil de hacer
- Para invitados

Para 2 personas:
150 g de berros
150 g de tomates cereza
1 cebolla pequeña
1 manojo pequeño de cebollinos
2 cs de vinagre de vino tinto
5 cs de aceite
1 pizca de azúcar
Sal, pimienta
250 g de hígados de pollo
3 cs de vino de Oporto

Tiempo de preparación:
30 minutos

Aprox. por porción:
1 850 kJ/440 kcal.
20 g Pr/32 g Gr/15 g Hc

1 Limpiar los berros, lavarlos y escurrirlos con cuidado. Lavar también los tomates y cortarlos por la mitad. Pelar la cebolla y picarla en trozos pequeños. Poner bajo el agua los cebollinos y picarlos finamente.

2 En un recipiente hacer una salsa con el vinagre, 3 cs de aceite, el azúcar y la pimienta.

3 Quitar la piel y las venillas a los hígados de pollo, lavarlos bajo el chorro de agua fría, secarlos y partirlos a la mitad. Calentar el aceite restante en una sartén y freír los hígados durante unos 3 minutos. Salpimentar y rociarlos con el vino de Oporto.

4 Mezclar los berros, el tomate, la cebolla y la mitad de los cebollinos con la salsa, y colocar el preparado en 2 platos.

5 Repartir encima los hígados aún calientes, regar con su propio caldo y añadir los cebollinos restantes. Para acompañar es muy adecuado el pan de nuez con mantequilla; y como bebida, un vino de Oporto o un Rioja tinto.

Ensalada de champiñones con pimiento y salami

- Rápida
- Fácil de hacer

Para 2 personas:
1 pimiento rojo
1 pimiento amarillo
1 cebolla
200 g de salami cortado en lonchas de 0,5 cm
250 g de champiñones
4 cs de aceite de oliva
1 diente de ajo
2 cs de Aceto balsámico
Sal, pimienta
1 ct de orégano
1 pizca de pimienta de Cayena
1 manojo de berros
Hojas de lechuga para adornar

Tiempo de preparación:
25 minutos

Aprox. por porción:
1 830 kJ/440 kcal.
11 g Pr/38 g Gr/16 g Hc

1 Lavar los pimientos y cortarlos en tiras finas longitudinales. Pelar la cebolla, partirla en cuatro partes y trocearla en tiras finas. Quitar la piel del salami y cortarlo en dados. Limpiar los champiñones, lavarlos con agua fría y hacerlos rodajas gruesas.

2 Calentar 1 cs de aceite en una sartén y freír el salami a fuego fuerte. Agregar luego los champiñones, y freírlo todo junto durante 5 minutos. Pelar el ajo y añadirlo machacado.

3 Batir el vinagre, el aceite restante, la sal y la pimienta de Cayena en una ensaladera, hasta lograr una salsa cremosa. Incorporar las tiras de pimiento y la cebolla. Lavar el berro y, con unas tijeras, cortar las hojas sobre la fuente. Mezclar todo bien.

4 Mezclar los champiñones calientes y el salami con la ensalada. Decorar al gusto los dos platos con las hojas de lechuga y echar la ensalada por encima. El pan de hogaza es muy adecuado para acompañar este plato; y para beber, cerveza.

Atún sobre radicchio

- Fácil de hacer
- Rápida

En lugar del atún pueden usarse otros pescados, como salmón o bacalao. También queda sabrosa la ensalada con atún enlatado. ¡En ningún caso debe freírse éste!

Para 2 personas:
2 filetes de atún (150 g cada uno)
1 cs de zumo de limón
1 radicchio
1 manojo de berros
1 cs de vinagre de vino tinto
5 cs de aceite de oliva
Sal, pimienta
1 ct de mostaza dulce
1 ct de concentrado de tomate
2 ct de alcaparras
1 cebolleta
1 diente de ajo

Tiempo de preparación:
25 minutos

Aprox. por porción:
2 250 kJ/540 kcal.
36 g Pr/41 g Gr/6 g Hc

1 Rociar el pescado con agua fría, secarlo y partirlo en trozos regulares. Regarlos con limón y dejar que reposen en frío.

2 Separar las hojas del radicchio, lavarlas y escurrirlas bien. Lavar los berros bajo el grifo de agua fría, desechando las hojas pequeñas.

3 En una ensaladera, mezclar el vinagre, 3 cs de aceite de oliva, la sal, la pimienta, la mostaza y el tomate concentrado, hasta conseguir una salsa cremosa. Picar las alcaparras. Pelar la cebolleta y cortarla en cubitos pequeños. Mezclar ambas con la salsa.

4 Calentar el resto del aceite de oliva en una sartén y, a fuego medio, freír los trozos de atún durante 2 - 3 minutos. Pelar el ajo, machacarlo y añadirlo. Salpimentar.

5 Empapar el radicchio y los berros en la salsa, y ponerlos en dos platos. Repartir el atún en los dos platos. Para acompañar este plato es adecuado el pan blanco tostado con mantequilla de hierbas.

Lechuga de hoja de roble con queso de cabra

- Para invitados
- Sofisticada

Para 2 personas:
1 cogollo de lechuga de hoja de roble
2 cebollas pequeñas
1 manzana pequeña
1 cs de zumo de limón
2 cs de vinagre de manzana
3 cs de aceite de girasol
Sal, pimienta negra
1 ct de miel
1 cs de pipas de girasol
4 rebanadas de pan blanco
1 diente de ajo
100 g de queso de cabra fresco

Tiempo de cocción:
25 minutos

Aprox. por porción:
2 660 kJ/ 640 kcal.
22 g Pr/41 g Gr/47 g Hc

1 Precalentar el horno a 200 ºC. Limpiar la lechuga, lavarla y dejarla escurrir bien. Lavar las cebollas y cortarlas en aros finos. Lavar la manzana, secarla y trocearla en ocho partes, quitar el centro y partirla en dados pequeños; echar por encima el zumo de limón.

2 Mezclar el vinagre, el aceite, la sal, la pimienta y la miel, hasta formar una salsa cremosa. Añadir la cebolla, la manzana y las pipas de girasol.

3 Tostar las rebanadas de pan. Pelar el diente de ajo, partirlo a la mitad y frotar una de las caras de la tostada. Cortar el queso de cabra en ocho lonchas y colocarlo sobre las tostadas. Gratinar en la parte de arriba del horno a 250 ºC, durante 2 minutos, o en la parrilla durante 1 minuto.

4 Mientras tanto, mezclar la ensalada con la salsa y repartirla en los dos platos. Colocar sobre cada plato 2 tostadas recién sacadas del horno. Si se quiere, se puede espolvorear con pimienta. Para beber, la sidra natural es ideal.

En la parte inferior:
lechuga de hoja de roble con queso de cabra.
En la parte superior:
atún sobre radicchio.

Clásicas y con nuevo estilo

Lo más importante, en la preparación de una ensalada, es que la calidad de la lechuga sea equiparable a la del resto de los ingredientes; compre la de mejor calidad. Lo mismo sucede con el aceite y el vinagre, donde la variedad que se ofrece, brinda grandes posibilidades.

Vinagre y aceite

Vinagre

El vinagre de vino se obtiene de vino blanco o tinto.
El vinagre de Jerez resulta especialmente fuerte y aromatizado. Por esto, debe usarse con prudencia.

El Aceto balsámico italiano madura durante años en barriles de roble.

El Aceto balsámico (vinagre balsámico) proviene de Módena, en Italia, y es el vinagre más noble que existe. Se deja reposar, por lo menos, durante 3 años en barriles de roble. Cuanto más añejo, su sabor es más intenso y es más caro.
El vinagre aromatizado (por ejemplo con hierbas, ajo, frambuesas, alcaparras, etc.), le proporciona a muchas ensaladas un toque especialmente «atrevido». Para hacerlo, se utiliza vinagre de vino blanco.
El vinagre de manzana es un vinagre hecho de fruta, con una acidez agradable y razonable.

Aceites vegetales

A menudo son una mezcla de diferentes aceites, ofertados como una determinada «marca comercial». Tienen un sabor neutro.

Otros aceites finos:

El aceite de soja se extrae de las alubias de soja, y su sabor es neutro.
El aceite de girasol tiene también un aroma maravilloso e intenso.
El aceite de cardo contiene un alto grado de ácidos especialmente saludables.
El aceite de semilla de uva tiene un color verde intenso y un fino sabor.
El aceite de pipa de calabaza es verde oscuro y posee un aroma poco habitual. Va bien con ensaladas fuertes; por ejemplo, de carne.
El aceite de oliva proviene de toda la zona Mediterránea. Existen tres

niveles diferentes de calidad: el aceite de oliva virgen extra (proveniente del primer prensado), le sigue el aceite de oliva virgen y, finalmente, el aceite de oliva. El aroma y el carácter son distintos, según la procedencia.
Los aceites de avellanas, almendras o cacahuetes tienen un sabor muy intenso y pueden mezclarse con otros aceites neutros.
Para elaborar el aceite de sésamo tostado, se tuestan ligeramente las semillas de sésamo, para prensarlas luego. El resultado es un aceite de color marrón oscuro y un sabor intenso a nuez.
Los aceites deben de estar siempre protegidos de la luz y bien cerrados. Si le gusta usar distintos tipos de aceite, compre botellas o latas pequeñas. Las botellas abiertas deberían de consumirse antes de seis meses, y los aceites de cacahuete o similares, en 3 meses. El vinagre se conserva hasta un año.

Salsas clásicas para ensaladas

Para todas las recetas de ensaladas que se incluyen este libro, se indican unas salsas. Si desea una salsa clásica, haga uso entonces de las tres recetas siguientes, que están calculadas para 4 personas.

Vinagreta

Ingredientes: 3 cs de vinagre, sal, pimienta y 6 cs de aceite. Mezclar todo en un recipiente, batiéndolo bien con las varillas, hasta obtener una salsa cremosa.
También puede añadirle 1 ct de mostaza (de Dijon, por ejemplo), hierbas picadas, cebolla picada o ajo.

¡Sugerencia!

Prepare una cantidad mayor de la que necesite, para poder guardar el resto. Envásela en un recipiente de cristal hermético y guárdela en el frigorífico. No se olvide de agitarla bien, antes de cada uso.

Salsa de yogur

Mezclar 2 cs de aceite con 2 - 3 cs de zumo de limón, 200 g de yogur, sal y pimienta. Se le puede añadir 100 g de queso azul, o hierbas y ajo. Con un poco de tomate concentrado o un poco de ketchup, esta salsa se vuelve especialmente agradable para los niños.

Mayonesa

Se mezclan 2 yemas de huevo muy frescas con sal y 1 ct de zumo de limón.
Poco a poco se va añadiendo 1/4 de litro de aceite neutro, al tiempo que se bate con las varillas hasta conseguir una salsa espesa.
Se salpimenta al gusto y se aromatiza con mostaza, ajo, hierbas o tomate concentrado.

Un buen aceite es fundamental para dar sabor a su ensalada. ¡No debería ahorrar en esto!

Ensalada de apio con salsa de mostaza

- Sofisticada
- Fácil de hacer

Para 4 personas:
2 yemas de huevo
1 ct de mostaza
200 ml de aceite
3 cs de nata agria
Sal, pimienta
1 pizca de azúcar
2 - 3 cs de zumo de limón
1 colinabo (unos 600 g)
250 g de pencas de apio
1 cebolla, 1 manzana
50 g de nueces sin cáscara

Tiempo de preparación:
30 minutos

Aprox. por porción:
2 260 kJ/540 kcal.
4 g Pr/53 g Gr/16 g Hc

1 Mezclar en un recipiente las yemas de huevo con la mostaza. Añadir, poco a poco, el aceite, y seguir batiendo con las varillas hasta que se forme una salsa espesa. Agregar la nata agria, removiendo continuamente, y salpimentar a continuación. Verter también el azúcar y 1 cs de zumo de limón.

2 Pelar muy bien el colinabo, lavarlo, secarlo y rallarlo, no muy fino, en una fuente. Limpiar las pencas de apio, lavarlas y cortarlas en rodajas finas. Trocear menudo las hojas de apio y picarlas finamente; echar todo en la fuente.

3 Pelar la cebolla y picarla fino. Pelar también la manzana, y cortarla en ocho trozos, quitar el centro y echar el limón restante por encima. Partirla luego en trocitos y, junto con la cebolla, incorporarla a los otros ingredientes en la fuente.

4 Mezclar bien la mayonesa con la ensalada, y terminar de condimentar al gusto. Partir las nueces en pequeños trozos y adornar la ensalada con ellos.

Ensalada de tomate multicolor

- Sencilla
- Rápida

Para 4 personas:
750 g de tomates
2 cebollas pequeñas
150 g de Mozzarella
100 g de aceitunas negras
4 cs de vinagre de vino tinto
5 cs de aceite de oliva
Sal, pimienta
2 dientes de ajo
1 manojo de albahaca

Tiempo de preparación:
25 minutos

Aprox. por porción:
1 440 kJ/340 kcal.
10 g Pr/29 g Gr/14 g Hc

1 Lavar los tomates, quitarles el rabo y partirlos en ocho trozos. Echarlos en una fuente grande.

2 Pelar las cebollas y picarlas fino. Cortar en lonchas la Mozzarella y, luego, en dados pequeños. Añadir todo a los tomates, junto con las aceitunas negras.

3 En otro recipiente, mezclar el vinagre con el aceite de oliva, la sal y la pimienta, sin dejar de remover con las varillas hasta conseguir una salsa cremosa. Pelar el ajo y agregarlo, bien machacado, a la salsa, removiendo todo bien.

4 Echar la salsa sobre los ingredientes de la ensalada, removerla bien y dejarla que repose 10 minutos.

5 Mientras tanto, lavar la albahaca, cortar las hojas más grandes en tiras finas y dejar enteras las pequeñas. Mezclar las hojas picadas con la ensalada, y adornar ésta con las hojas enteras antes de servirla.

En la parte inferior: ensalada de tomate multicolor.
En la parte superior: ensalada de apio con salsa de mostaza.

Ensalada de judías con roqueta y tomate

- Conserva la línea
- Para invitados

Para 4 personas:
1 manojo de ajedrea
Sal, pimienta
500 g de judías verdes
250 g de tomates
1 manojo de roqueta
1 cebolla roja
3 cs de Aceto balsámico
4 cs de aceite de oliva
1 diente de ajo
2 cs de piñones

Tiempo de preparación:
45 minutos

Aprox. por porción:
850 kJ/200 kcal.
3 g Pr/16 g Gr/16 g Hc

1 Lavar la ajedrea con agua fría, darle un hervor en agua con sal y reservarla. Limpiar las judías, quitarles los hilos y lavarlas. Cortar las más grandes a la mitad y hervirlas, tapadas, durante 15 - 20 minutos, hasta que estén tiernas. Colocarlas sobre un colador y ponerlas bajo el chorro de agua fría. Escurrirlas y dejarlas enfriar.

2 Lavar los tomates y cortarlos por la mitad. Llevarlos a una fuente, junto con las judías y la ajedrea.

3 Cortar los tallos de la roqueta, lavar las hojas y trocearlas en tiras anchas. Pelar la cebolla, partirla en cuatro trozos y cortarla en tiras. Añadirlas a la fuente con las judías y los tomates.

4 Mezclar bien el vinagre con el aceite, la sal y la pimienta. Pelar el ajo, machacarlo y agregarlo. Batir con las varillas hasta conseguir una marinada cremosa. Verterla encima de la ensalada y remover.

5 En una sartén antiadherente y sin grasa, dorar los piñones y echarlos sobre la ensalada antes de servirla.

VARIANTE

La ensalada resultará más apetitosa si, en lugar de los piñones, añade 150 g de salami cortado en trozos pequeños previamente pasados por la sartén. También se puede servir como aperitivo para 6 comensales, añadiendo 3 lonchas de jamón de Parma por persona.

Ensalada de pollo con piña y brotes

- Sofisticada
- Sencilla

Para 4 personas:
2 cs de aceite
600 g de filetes de pechuga de pollo
Sal, pimienta
1 piña pequeña y fresca
150 g de brotes de soja (pueden ser frescos o en conserva)
1 puñado de perifollo
125 g de mayonesa
3 cs de yogur
2 - 3 cs de zumo de limón
Pimienta de Cayena
1 ct de especias chinas
1 pizca de azúcar
Hojas de lechuga

Tiempo de preparación:
45 minutos

Aprox. por porción:
2 280 kJ/550 kcal.
34 g Pr/37 g Gr/25 g Hc

1 Calentar el aceite en una sartén y freír la carne por ambos lados. Luego, con la sartén tapada, dejar que termine de hacerse durante 10 minutos. Salpimentar y dejar que se enfríe.

2 Mientras tanto, pelar bien la piña, cortarla en cuatro trozos y quitarle las partes leñosas. Partirla en trozos y ponerlos en una fuente.

3 Cocer los brotes de soja y escurrirlos bien. También deben escurrirse bien, si son de conserva. Cortar la carne en trozos medianos y echarlos en la fuente, junto con los brotes.

4 Lavar el perifollo, trocear finamente las dos terceras partes de las hojas pequeñas y poner aparte el resto.

5 Preparar una salsa mezclando la mayonesa con el yogur, el zumo de limón, la sal, la pimienta de Cayena y el azúcar. Agregar el perifollo picado. Verter la salsa sobre los ingredientes de la ensalada y mezclar bien.

6 Adornar una ensaladera con las hojas de lechuga y verter la ensalada de pollo sobre ellas. Decorar con el resto de las hojas de perifollo colocadas por encima.

Ensalada de pepino con eneldo

- Barata
- Rápida

Para 4 personas:
1 pepino grande
2 manojos de eneldo
1 cebolla, azúcar
150 g de nata agria
2 cs de aceite de nuez
3 cs de vinagre de vino blanco
Sal, pimienta
50 g de nueces peladas

Tiempo de preparación:
15 minutos

Aprox. por porción:
810 kJ/190 kcal.
4 g Pr/17 g Gr/10 g Hc

1 Lavar el pepino y cortarlo en rodajas finas. Colocarlo en una fuente. Lavar el eneldo con agua fría y picarlo fino. Pelar la cebolla y picarla fino. Poner la cebolla y el eneldo en la fuente, junto con el pepino.

2 Mezclar la nata con el aceite de nuez, el vinagre, la sal, la pimienta y el azúcar. Echar sobre el pepino y los demás ingredientes. Mezclar todo removiendo bien.

3 Picar las nueces en trozos grandes y distribuirlos sobre la ensalada.

SUGERENCIA

Para convertirla en aperitivo, añadir a la ensalada 250 g de salami ahumado, cortado en tiras, y mezclar todo bien.

Ensalada de pepino con fresas

- Sofisticada
- Conserva la línea

Para 4 personas:
1 pepino grande
1 manojo de hierbabuena
200 g de fresas
3 cs de aceite de girasol
5 cs de zumo de limón
2 ct de miel, pimienta
Pimienta de Cayena, sal

Tiempo de preparación:
20 minutos

Aprox. por porción:
560 kJ/130 kcal.
4 g Pr/11 g Gr/10 g Hc

1 Pelar el pepino, partirlo longitudinalmente y quitarle las semillas; cortarlo en rodajas. Lavar la hierbabuena con agua fría, y hacer tiras con las hojas grandes.

2 Lavar las fresas, retirarles las hojas verdes y partirlas en trozos. Ponerlas en una fuente con el pepino.

3 Mezclar el aceite de girasol con el zumo de limón y la miel, batiendo con las varillas hasta conseguir una salsa cremosa. Condimentar con sal, pimienta y pimienta de Cayena.

4 Echar la hierbabuena picada en la salsa y mezclarla con los ingredientes de la ensalada. Dejar reposar todo durante unos minutos, y servir la ensalada adornada con el resto de la hierbabuena.

Ensalada de pepino con trucha

- Para invitados
- Sencilla

Para 4 personas:
250 g de tomates
1/2 manojo de puerros
3 cs de vinagre de hierbas
4 cs de aceite, 1 pepino
1 cs de tomate natural
Sal, pimienta
250 g de filetes de trucha ahumada

Tiempo de preparación: 20 minutos

Aprox. por porción: 1 060 kJ/250 kcal. 15 g Pr/18 g Gr/9 g Hc

1 Pelar el pepino, partirlo a lo largo y quitarle las semillas; cortarlo en rodajas y ponerlas en una fuente.

2 Lavar los tomates y trocearlos en ocho partes. Lavar los puerros y hacer aritos con ellos. Echar los tomates y los puerros en la fuente.

3 Mezclar el vinagre, el aceite, el tomate, la sal, la pimienta y batir con las varillas hasta conseguir una salsa cremosa. Verter sobre los otros ingredientes, mezclar y dejar que repose.

4 Cortar en trozos los filetes de trucha, y mezclar con la ensalada antes de servir.

SUGERENCIA

En lugar del pescado ahumado, también se puede emplear jamón ahumado.

Ensalada de pepino con berros y sésamo

- Rápida
- Fácil de hacer

Para 4 personas:
Sal, pimienta, 1 pepino
200 g de zanahoria
2 manojos de berros
150 g de yogur
2 cs de aceite de sésamo tostado
4 cs de zumo de limón
1 diente de ajo
1 ct de comino molido
3 cs de sésamo

Tiempo de preparación: 25 minutos

Aprox. por porción: 700 kJ/170 kcal. 5 g Pr/12 g Gr/12 g Hc

1 Lavar el pepino, cortarlo longitudinalmente en cuatro partes, trocearlo y ponerlo en una fuente. Raspar las zanahorias y rallarlas, no muy fino, sobre el pepino. Lavar los berros usando agua fría, y cortarlos con unas tijeras sobre el pepino y la zanahoria.

2 Poner el yogur, el aceite de sésamo y el zumo de limón en un recipiente. Pelar el ajo y añadirlo machacado. Condimentar con sal, pimienta y comino. Mezclar todo bien y unirlo a los otros ingredientes, removiendo. Dejar que repose unos 10 minutos.

3 En una sartén sin grasa, tostar el sésamo, removiendo hasta que esté dorado. Antes de servir, echar las semillas por encima.

Lechuga con brotes de rábano

- Fácil de hacer
- Rápida

Todos las clases de lechuga se pueden preparar de esta manera, así como las mezclas de lechugas (por ejemplo, Batavia, radicchio, etc.).

Para 4 personas:
1 cogollo de lechuga
50 g de brotes de rábano
1 manojo de cebollino
2 cs de vinagre de Jerez
4 cs de aceite de girasol
1 ct de mostaza dulce
Sal, pimienta

Tiempo de preparación:
15 minutos

Aprox. por porción:
600 kJ/140 kcal.
2 g Pr/14 g Gr/4 g Hc

1 Limpiar la lechuga, separar las hojas, lavarlas bajo el chorro de agua fría y dejarlas escurrir sobre un colador. Partir las hojas más grandes con los dedos.

2 Lavar los brotes de rábanos bajo el chorro de agua fría y escurrirlos bien. Lavar también el cebollino y cortarlo en rollitos.

3 En un recipiente, batir con las varillas el vinagre, el aceite, la mostaza, la sal y la pimienta hasta obtener una salsa cremosa. Añadirle el cebollino y mezclar la salsa con la ensalada.

VARIANTE

A la salsa se le pueden añadir 100 g de queso azul desecho y 3 cs de *crème fraîche*. En este caso, se reduce a la mitad la cantidad de aceite y de vinagre.

Ensalada de patatas

- Sencilla
- Barata

Para 4 personas:
1 kg de patatas
2 ct de comino
1/4 l de caldo de verdura
6 cs de vinagre de vino blanco
Sal, pimienta
1 manojo de puerros
1 cs de mostaza
6 cs de aceite

Tiempo de preparación:
1 hora
Tiempo de marinado:
30 minutos

Aprox. por porción:
1 450 kJ/350 kcal.
6 g Pr/21 g Gr/36 g Hc

1 Lavar las patatas y echarlas en una cazuela con el comino. Cubrirlas con agua y cocerlas tapadas de 25 - 30 minutos. Tirar el agua, pelar las patatas, cortarlas en rodajas finas y ponerlas en un recipiente.

2 Llevar a punto de ebullición el caldo de verdura junto con 3 cs de vinagre, salpimentarlo abundantemente. Verterlo sobre las patatas y mezclar todo con cuidado, para que las rodajas no se partan. Dejar que repose durante 30 minutos, bien tapado.

3 Mientras tanto, lavar los puerros, cortarlos en aros finos y añadir 2 cs a las patatas.

4 Mezclar el resto del vinagre con la mostaza, la sal, la pimienta y el aceite, y batirlo todo con las varillas. Verter la salsa sobre las patatas y mezclar todo de nuevo. Probar el punto de sazón y, si fuera necesario, agregar algo más de condimento. Adornar con el resto de los puerros.

VARIANTE

Para conseguir una ensalada más fuerte, se le puede añadir 100 g de tocino, cortado en pequeños dados y frito.
Además, se puede variar la ensalada, como se quiera, con los siguientes ingredientes:

- 1 manojo de rábanos cortados en rodajas, o
- 1 pepino cortado en rodajas finas, o
- 3 pepinillos (en vinagre) partidos en cubitos, o
- 3 manzanas ácidas cortadas en dados.

Puede hacerla más atractiva añadiendo 250 g de gambas cocidas y peladas, y un aguacate cortado en dados pequeños.
Asimismo, puede preparar una salsa adicional con aceite de almendras, zumo de limón y eneldo.
En todo caso, ¡no ponga límites a su fantasía!

En la parte inferior: ensalada de patatas.
En la parte superior: lechuga con brotes de rábano.

Ensaladas para fiestas

Las ensaladas son ideales para las fiestas, porque se pueden preparar con mucha facilidad.

Las cantidades

Si sólo va a ofrecer ensaladas, debería escoger tres variedades que se complementen bien (verdura, carne, legumbres). Calcule de 4 - 5 raciones por persona. Cuando la ensalada acompaña a un bufé frío, es suficiente con una fuente.

Ensalada para un bufé

Las ensaladas que hay que reservar durante algún tiempo, y que mantienen el aspecto bueno y apetitoso, son las más adecuadas para las fiestas. Poco antes de la llegada de los invitados, añada unas hierbas a las ensaladas, así mantendrán el aroma fresco y darán la impresión de que están recién hechas.
Si desea ofrecer ensaladas de lechuga, es mejor no aliñarlas, teniendo la salsa disponible para que cada uno lo haga a su gusto.
Los recipientes para las ensaladas deben ser lo más grandes posible, para poder removerlas bien.
Es muy práctico tener unos cubiertos de ensalada con mangos largos, para que al posarlos no se caigan dentro de la ensaladera.
Coloque sobre la mesa una gran cesta con distintos tipos de pan y de tostadas.

Ingredientes frescos

Ajo: tenga cuidado de que el ajo que utilice sea fresco. Si en el diente de ajo encuentra un brote verde, quítelo, ya que le dará a la ensalada un sabor amargo y poco agradable.
Hierbas frescas: son el mejor colofón para muchas ensaladas. Lo ideal es comprarlas frescas en manojos o en tiestos. Pero aún más, es tener una pequeña plantación propia. Lo puede hacer con tiestos puestos en el alféizar de la ventana. En caso de urgencia, también se puede echar mano de las hierbas congeladas.
Cebolla: las más adecuadas para ensaladas son la cebolla roja, la blanca y la cebolla amarilla. Todas ellas poseen un sabor ligeramente picante. Para servirlas se cortan en medios anillos, aritos, tiras o en pequeños dados. Para preparar las cebolletas, se lavan y se eliminan las partes más duras o marchitas; luego se usa el bulbo blanco cortado en trozos pequeños o el tallo partido en anillos o en trozos más grandes.

Cada ensalada debería llevar hierbas frescas. De izquierda a derecha: hierbabuena, tomillo, albahaca, romero.

Tortitas condimentadas

Son ideales para acompañar a las ensaladas. Para hacerlas, debe tamizar 200 g de harina en un recipiente y formar un hoyo en el centro. Añadir una pizca de sal y 1 cs de aceite. Mezclar el aceite con algo de harina y al mismo tiempo agregar, poco a poco, 100 ml de agua tibia y 2 cs de Emmental rallado. Continuar hasta incorporar toda la harina. Amasar hasta lograr una masa lisa. Dejarla reposar, tapada, 15 minutos. Precalentar el horno a 200 °C.

Cortar la masa en diez trozos y aplastarlos sobre una superficie enharinada, hasta conseguir círculos de unos 10 cm de diámetro. Ponerlos en una fuente de hornear y adornarlos con aceitunas verdes picadas, semillas de sésamo, comino, semilla de adormidera o con sal gruesa. Cocerlos en el horno (medio) durante unos 10 minutos.

Esta masa de pan plano puede congelarse y, en cualquier momento, se puede cocer en el horno.

Ensalada de pavo con puerros y setas

- Sofisticada
- Conserva la línea

Para 6 - 8 personas:
Sal, pimienta
750 g de puerros
400 g de setas
500 g de filetes de pavo
6 cs de aceite
1 pimiento rojo grande
5 cs de zumo de limón
1 pizca de azúcar

Tiempo de preparación: 35 minutos

Para 8 personas; aprox. por persona: 940 kJ/220 kcal. 14 g Pr/14 g Gr/10 g Hc

1 Poner a hervir una cantidad abundante de agua con sal. Limpiar los puerros, partirlos a lo largo y lavarlos a fondo; cortarlos en aros de 0,5 cm. Cocerlos en el agua salada durante 2 minutos y, en seguida, ponerlos bajo el chorro de agua helada. Dejarlos escurrir bien sobre un colador.

2 Limpiar las setas, lavarlas bajo el chorro de agua fría y quitarles las partes más leñosas. Cortarlas en tiras de 1 cm de ancho.

3 Hacer tiras los filetes de pavo y, luego, trocearlos en dados de un tamaño razonable. Calentar 2 cs de aceite en una sartén y freír la carne a fuego fuerte durante unos 3 - 4 minutos. Salpimentarla, retirarla y dejarla enfriar.

4 Calentar 1 cs de aceite en una sartén y freír las setas a fuego vivo durante 7 minutos, sin dejar de remover. Salpimentarlas, retirarlas del fuego y dejarlas que enfríen. Limpiar el pimiento, lavarlo y cortarlo en pequeños cuadrados.

5 En un recipiente grande, mezclar el zumo de limón, la sal, la pimienta, el azúcar y el aceite restante; batir todo con las varillas hasta conseguir una salsa cremosa. Mezclar todos los ingredientes y unirlos a la salsa.

Ensalada de pasta, verdura y salsa parmesana

- Sencilla
- Fácil de hacer

Para 6 - 8 personas:
250 g de tallarines verdes
500 g de brécol
300 g de guisantes
500 g de calabacines
1 cebolla
Perejil, albahaca y cebollino
2 dientes de ajo
7 cs de aceite de oliva
5 cs de Aceto balsámico
Pimienta negra
50 g de Parmesano fresco, rallado

Tiempo de preparación: 40 minutos
Tiempo de marinado: 30 minutos

Para 8 personas; aprox. por persona: 1 400 kJ/330 kcal. 14 g Pr/16 g Gr/37 g Hc

1 Cocer la pasta en agua con sal, hasta que esté «al dente». Escurrir los tallarines, conservando el agua. Poner la pasta bajo el chorro de agua fría y dejarla sobre el colador para que escurra bien.

2 Mientras tanto, lavar el brécol y deshacerlo en ramilletes. Pelar los tallos y picarlos. Poner a hervir el agua de cocer la pasta y dejar en ella el brécol 6 minutos hasta que esté tierno. En los últimos 3 minutos, añadir los guisantes. Después, poner todo bajo el chorro de agua fría y escurrir sobre el colador.

3 Lavar el calabacín, limpiarlo y rallarlo no muy fino. Pelar la cebolla y picarla fino. Mezclar ambos en un recipiente con la pasta, el brécol y los guisantes.

4 Lavar las hierbas, picarlas y agregarlas a los demás ingredientes junto con un diente de ajo pelado y machacado.

5 Hacer una salsa mezclando el aceite de oliva, el vinagre, la sal, la pimienta y el Parmesano. Verterla sobre los demás ingredientes, ligarlo todo bien y dejar que repose 30 minutos.

SUGERENCIA

También se puede añadir jamón de Parma previamente cortado en tiras.

Ensalada de embutido con rábanos

- Fácil de hacer
- Especialidad de Baviera

Para 6 - 8 personas:
2 manojos de rábanos
5 pepinillos en vinagre
2 manojos de cebollino
1 kg de mortadela
5 cs de vinagre de manzana
6 cs de aceite de girasol
Sal, pimienta, 2 cebollas
2 ct de mostaza

Tiempo de preparación: 30 minutos

Para 8 personas; aprox. por persona: 2 700 kJ/650 kcal. 16 g Pr/61 g Gr/9 g Hc

1 Pelar las cebollas, partirlas en cuatro y trocearlas en tiras. Limpiar los rábanos, lavarlos y cortarlos en rodajas. Partir los pepinillos en rodajas. Colocar todo en una fuente. Lavar el cebollino, cortarlo en aros y añadirlos a la fuente.

2 Quitar la piel de la mortadela, hacerla rodajas y ponerla en la fuente con los demás ingredientes.

3 Preparar una salsa cremosa batiendo el vinagre de manzana con el aceite, la sal, la pimienta y la mostaza. Verter todo sobre los demás ingredientes, mezclarlo bien y dejar reposar, tapado. Probar y, si es necesario, añadir más condimento. Como acompañamiento, pan de hogaza; y para beber, cerveza.

SUGERENCIA

En lugar de los rabanitos, puede emplear rábanos grandes cortados en rodajas finas o rallados no demasiado fino.

Ensalada de lentejas

- Barata
- Sencilla

Para 6 - 8 personas:
500 g de lentejas
1 cebolla grande
2 hojas de laurel
Sal, pimienta, 2 clavos
300 g de tocino cortado en lonchas gruesas
6 cs de vinagre de vino tinto
250 g de zanahorias
1 pimiento rojo
1 pimiento verde
1 manojo de puerros
7 cs de aceite de pipas de calabaza
2 ct de mostaza
1 pizca de azúcar

Tiempo de remojo: 12 horas
Tiempo de preparación: 1 hora

Para 8 personas; aprox. por persona: 2 370 kJ/570 kcal. 30 g Pr/31 g Gr/44 g Hc

1 Poner las lentejas a remojo en un recipiente con abundante agua fría; lo ideal es tenerlas en remojo toda la noche.

2 Pelar la cebolla, pincharla con los clavos y las hojas de laurel, y echarla en las lentejas.

3 Cocer las lentejas en el agua del remojo, añadiendo 1 ct de sal, en un recipiente tapado, durante 30 - 40 minutos. Verterlas sobre un colador, ponerlas bajo el chorro de agua fría, escurrirlas bien y colocarlas en una fuente.

4 Quitar la corteza del tocino y partirlo en daditos. Freírlos en una sartén antiadherente, a fuego medio, hasta que queden crujientes. Verterlos sobre las lentejas, junto con la grasa, y mezclar todo con 3 cs de vinagre.

5 Pelar las zanahorias y rallarlas no muy fino, sobre las lentejas. Limpiar los pimientos, lavarlos y cortarlos en pequeños cubos. Limpiar los puerros, lavarlos y hacer con ellos aros finos. Unir todos los ingredientes y mezclarlos bien.

6 Preparar una salsa con el vinagre restante, el aceite de pipa de calabaza, la mostaza, la sal, la pimienta y el azúcar. Verter sobre las lentejas y mezclar todo bien. Dejar reposar la ensalada, bien tapada, durante 20 minutos. Probarla y, si es necesario, añadir más condimento.

SUGERENCIA

En lugar del tocino, para mezclar con las lentejas se puede emplear cualquier tipo de embutido ahumado. Si tiene prisa, también puede hacer uso de lentejas en conserva, precocinadas.

En la parte inferior: ensalada de lentejas.
En la parte superior: ensalada de embutido con rábanos.

Verdura fresca con mortadela

- Rápida
- Fácil de hacer

Para 6 - 8 personas:
2 bulbos de hinojo
300 g de zanahorias
2 pimientos rojos grandes
300 g de calabacín
250 g de apio (con sus pencas)
1 pepino
300 g de mortadela cortada en lonchas
200 g de Gorgonzola cremoso
150 g de *crème fraîche*
2 cs de aceite
7 cs de zumo de limón
Sal, pimienta

Tiempo de preparación: 30 minutos

Para 8 personas; aprox. por persona: 1 410 kJ/340 kcal. 14 g Pr/25 g Gr/17 g Hc

1 Limpiar el hinojo y retirar la parte verde. Partir los bulbos y cortarlos en rodajas finas. Pelar las zanahorias y trocearlas en tiras muy finas, como palillos. Limpiar los pimentos, lavarlos y cortarlos en tiras pequeñas. Lavar el calabacín, limpiarlo y partirlo en rodajas finas. Limpiar el apio, lavarlo y cortarlo en trozos de unos 5 cm. Trocear las pencas más grandes, a lo largo, por la mitad. Pelar el pepino y cortarlo en rodajas.

2 Cortar las lonchas de mortadela en tiras finas. Colocar en un plato las verduras, cada una por separado, junto con la mortadela.

3 Hacer una crema con el Gorgonzola, la *crème fraîche*, el aceite y el zumo de limón; salpimentar. Picar muy fino la parte verde del hinojo y mezclarla con la salsa. Servir la salsa por separado, para que cada comensal se prepare la ensalada a su gusto. Como acompañamiento, puede ofrecer colines de pan y pan tostado; para beber, vino tinto italiano, por ejemplo, un Chianti.

Ensalada de huevo con maíz

- Sencilla
- Barata

Para 6 - 8 personas:
10 huevos
2 latas de maíz (300 g cada una)
2 pimientos rojos
1 cebolla
2 manojos de perejil
150 g de mayonesa
4 cs de yogur
2 cs de curry
5 cs de zumo se limón
Sal, pimienta
1 pizca de azúcar

Tiempo de preparación: 40 minutos

Para 8 personas; aprox. por persona: 1 280 kJ/310 kcal. 12 g Pr/22 g Gr/20 g Hc

1 Cocer los huevos durante 10 minutos, ponerlos en agua fría, pelarlos y dejarlos enfriar. Cortarlos con un cortador de huevos, una vez a lo ancho y otra a lo largo, para que queden en forma de cubitos. Ponerlos en una fuente.

2 Escurrir el maíz sobre un colador, hasta que haya perdido todo el agua. Cortar los pimientos por la mitad, lavarlos y trocearlos en pequeños cubos. Pelar la cebolla y picarla fino. Lavar el perejil y picarlo también muy fino. Unirlo todo a los huevos reservados en la fuente.

3 Mezclar bien la mayonesa con el yogur, el curry, el zumo de limón, la sal, la pimienta y el azúcar y echarla sobre los ingredientes de la fuente. Mezclar todo bien y dejar reposar, tapado, durante 15 minutos. Un buen acompañamiento son las *tortas de pan con especias* (pág. 51).

SUGERENCIA

En lugar del maíz, se pueden emplear guisantes, tanto frescos como congelados. Debe de cocerlos antes o pasarlos por agua hirviendo, según corresponda.

En la parte inferior: ensalada de huevo con maíz.
En la parte superior: verdura fresca con mortadela.

Ensalada de arroz con atún y tomate

- Sencilla
- Barata

Para 6 - 8 personas:
Sal, pimienta
250 g de arroz largo
1 pepino
500 g de tomates grandes
2 latas de atún natural (200 g cada una)
2 manojos de perejil
7 cs de vinagre de vino tinto
7 cs de aceite de oliva
2 dientes de ajo
100 g de aceitunas negras

Tiempo de preparación:
40 minutos

Para 8 personas;
aprox. por persona:
1 460 kJ/350 kcal.
17 g Pr/15 g Gr/41 g Hc

1 Hervir el arroz en abundante agua salada, a fuego lento y tapado, durante 20 minutos. Ponerlo en un colador bajo el chorro de agua fría y dejarlo escurrir bien hasta que esté frío.

2 Mientras tanto, pelar el pepino, cortarlo en pequeños dados y echarlos en una fuente. Escaldar los tomates en agua hirviendo; luego, quitarles la piel y las semillas. Cortar la pulpa en cubitos y añadirla al pepino.

3 Escurrir el atún y deshacerlo fuera de la lata. Distribuirlo en la fuente, junto con el arroz. Lavar el perejil, picarlo y esparcirlo por encima.

4 Mezclar el vinagre, el aceite de oliva, la sal y la pimienta. Batir todo con las varillas hasta conseguir una salsa cremosa. Pelar el ajo y añadirlo machacado.

5 Verter la salsa sobre los ingredientes, agregar las aceitunas y mezclar todo bien. Dejar que repose durante 30 minutos, probar antes de servir y rectificar los condimentos si fuera necesario.

Lechuga iceberg con carne de cerdo ahumada

- Rápida
- Fácil de hacer

Para 6 - 8 personas:
1 lechuga iceberg (750 g)
2 cebollas rojas
2 manojos de berros
400 g de chuletas de cerdo ahumadas
2 dientes de ajo
5 rebanadas de pan de centeno
3 cs de mantequilla
150 g de queso fresco a las finas hierbas
5 cs de vinagre de manzana
3 cs de aceite
Sal, pimienta
1 ct de pimentón dulce
1 manojo de perejil

Tiempo de preparación: 30 minutos

Para 8 personas; aprox. por persona: 1 270 kJ/300 kcal. 14 g Pr/18 g Gr/21 g Hc

1 Limpiar la lechuga, lavarla y escurrirla bien; partir las hojas con los dedos. Pelar la cebolla, picarla en pequeños dados y ponerla en una fuente con la lechuga. Lavar el berro bajo el chorro de agua fría y picar las hojas directamente sobre la fuente. Cortar las chuletas deshuesadas en daditos, y añadirlos a la ensalada.

2 Pelar el ajo. Descortezar el pan y cortarlo en dados. Calentar la mantequilla en una sartén y dorar el pan y el ajo machacado.

3 Mezclar el queso fresco con 3 cs de agua, el vinagre y el aceite, hasta conseguir una salsa cremosa. Condimentar con sal, pimienta y pimentón. Lavar el perejil, picarlo fino y añadirlo a la salsa.

4 Verter la salsa sobre los demás ingredientes, y mezclar todo bien. Antes de servir, agregar el pan frito con el ajo, que se puede mezclar con todo o usarse para adornar por encima.

SUGERENCIA

Si va a usar la ensalada para un bufé frío, es mejor servir ésta, la salsa y el pan frito por separado. Así la lechuga no quedará mustia, ni se reblandecerá el pan.

Ensalada de patatas y verdura

- Fácil de hacer
- Barata

Para 8 - 10 personas:
800 g de patatas para cocer
6 cs de vinagre de vino blanco
Sal, pimienta
250 g de zanahorias
1 pepino
250 g de apio con pencas
1 manojo de puerros
3 yemas de huevo, muy frescas
1 cs de mostaza
2 cs de zumo de limón
2 dientes de ajo
1/4 l de aceite

Tiempo de preparación: 1 hora y 15 minutos
Tiempo de marinado: 30 minutos

Para 10 personas; aprox. por persona: 1 210 kJ/290 kcal. 3 g Pr/25 g Gr/16 g Hc

1 Lavar las patatas y cocerlas durante 30 minutos. Pelarlas, dejarlas enfriar y cortarlas en daditos. Mezclarlas con el vinagre, la sal y la pimienta en una fuente; dejarlas reposar.

2 Pelar las zanahorias y el pepino, y trocearlo todo en cubitos. Limpiar el apio, lavarlo y cortarlo en rodajas finas. Lavar los puerros y hacer aros finos. Unir todo a las patatas reservadas en la fuente.

3 Mezclar, removiendo, las yemas con la sal, la pimienta, la mostaza y el zumo de limón. Pelar el ajo y añadirlo machacado. Agregar el aceite, poco a poco, y batir con las varillas hasta formar una mayonesa muy cremosa.

4 Probar la mayonesa por si fuera necesario ajustar el condimento; mezclarla con las verduras. Dejar reposar la ensalada en el frigorífico, bien tapada, durante 30 minutos.

SUGERENCIA

A esta ensalada se le puede añadir trocitos de salami, dados de queso o tiras de jamón para darle más consistencia.

Ensalada de judías con salsa de aguacate

- Sofisticada
- Para invitados

Para 6 - 8 personas
600 g de carne de cerdo (en lonchas)
7 cs de aceite de oliva
Sal, pimienta
1 pizca de pimienta de Cayena
600 g de judías verdes
2 cebollas
3 latas de alubias rojas kidney (400 g cada una)
1 aguacate maduro
3 dientes de ajo
1 manojo de roqueta
10 cs de zumo de limón

Tiempo de preparación: 45 minutos
Tiempo de marinado: 30 minutos

Para 8 personas; aprox. por persona: 1 255 kJ/300 kcal. 20 g Pr/20 g Gr/9 g Hc

1 Cortar la carne en trocitos razonables; calentar en una sartén 2 cs de aceite de oliva y freír la carne unos 6 - 8 minutos, dorándola por todos los lados. Condimentarla con la sal, la pimienta y la pimienta de Cayena. Retirarla y dejarla enfriar.

2 Limpiar y lavar las judías verdes. Ponerlas a hervir en agua con sal y cocerlas 15 minutos. Escurrirlas y ponerlas bajo el chorro de agua fría. Cortarlas en trozos de 1 cm.

3 Pelar la cebolla y picarla fino; ponerla en una fuente con las judías. Escurrir las alubias sobre un colador, lavarlas en agua fría, escurrirlas de nuevo y añadirlas al resto, junto con la carne.

4 Pelar el aguacate, partirlo por la mitad, quitarle el hueso y cortarlo en trozos no muy pequeños. Pelar el ajo y ponerlo, junto con el aguacate, en el vaso de la batidora.

5 Lavar la roqueta, quitarle los tallos y ponerla en el vaso de la batidora. Hacer un puré añadiendo el resto del aceite de oliva y el zumo de limón. Condimentar abundantemente con sal, pimienta y pimienta de Cayena.

6 Verter la salsa obtenida sobre los otros ingredientes y dejar que repose unos 30 minutos. Antes de servir, debe ajustarse el condimento. Como acompañamiento, van bien las tortas de pan. Éstas se pueden comprar ya preparadas. Basta con calentarlas. Para beber es muy adecuada la cerveza o el vino tinto.

SUGERENCIA

El aguacate proviene originariamente de México. Los aztecas lo plantaban ya y debido a su cremosa carne de color verde claro, lo llamaban «la mantequilla del bosque». Hoy en día se puede comprar durante todo el año. Es rico en minerales, como potasio y magnesio, y en vitaminas, como la vitamina E y B_6, lo mismo que en ácidos grasos insaturados. El aguacate tiene que estar bien maduro para que su consistencia cremosa y su aroma sean óptimos. Los aguacates poco maduros se pueden guardar de 2 a 5 días, envueltos en papel de periódico, a temperatura ambiente, para que terminen de madurar. El fruto maduro debe guardarse en el frigorífico.

En la parte inferior: ensalada de patatas y verdura.
En la parte superior: ensalada de judías con salsa de aguacate.

ABREVIATURAS

cs	=	Cucharada sopera
ct	=	Cucharadita de té
kJ	=	Kilojulio
kcal.	=	Kilocaloría
Pr	=	Proteínas
Gr	=	Grasas
Hc	=	Hidratos de carbono

Cornelia Adam
A lo largo de su vida ha desempeñado diversos trabajos en el mundo de la hostelería. Más tarde, gracias a su profesión como redactora de una conocida revista especializada alemana, pudo plasmar sobre el papel sus amplias experiencias adquiridas en el extranjero. Posteriormente ha destacado como periodista especializada en el mundo culinario, y como autora de varios libros de cocina.

Odette Teubner
Su formación la adquirió a través de su padre, el internacionalmente famoso fotógrafo culinario, Christian Teubner. Se crió entre cámaras, focos y laboratorios y tras un corto período dedicada al mundo de la moda, regresó al ramo culinario. Desde entonces tiene la suerte de aunar su trabajo con su *hobby*. Odette Teubner disfruta con el reto cotidiano de poner en escena, de la mejor forma posible, la frescura y la naturalidad de los alimentos.

Título original: *Salate*
Traducción: Antonio Maxwell-Hudson

No está permitida la reproducción total o parcial de este libro, ni su tratamiento informático, ni la transmisión de ninguna forma o por cualquier medio, ya sea electrónico, mecánico, por fotocopia, por registro u otros métodos, sin el permiso previo y por escrito de los titulares del Copyright. Reservados todos los derechos, incluido el derecho de venta, alquiler, préstamo o cualquier otra forma de cesión del uso del ejemplar.

© Gräfe und Unzer GmbH, München 1997, y
EDITORIAL EVEREST, S. A.
Carretera León-La Coruña, km 5 - LEÓN
ISBN: 84-241-2529-0
Depósito Legal: LE: 1100-2000
Printed in Spain - Impreso en España

EDITORIAL EVERGRÁFICAS, S. L.
Carretera León-La Coruña, km 5
LEÓN (ESPAÑA)